유학자 추사,

실학實學 교육을 탐구하다

- 조선 후기 유학 교육론의 한 양상 -

신창호 저

서현사

통유학자通儒學者 추사秋史 선생을 위하여

서 문

대한민국 사람이라면 대부분 추사秋史 김정희金正喜의 이름을 들어 보았을 것이다. "추사체"라는 기묘奇妙한 글씨체를 창안한 서예가로서 말이다. 그런데 정작 "추사에 대해 무엇을 알고 있느냐"라고 묻는다면, 어떤 대답을 할 수 있을까? 유홍준이 『완당평전』에서 던진 첫 마디처럼, "세상에는 추사를 모르는 사람도 없지만 아는 사람도 없다."

나 또한 추사를 몰랐다. 20여 년 전 중·고등학교 수업 시간에 배운 기억은 있다. 그러나 그 때는 조선 후기 실학파實學派 중에서 다산茶山 정약용丁若鏞은 실학의 집대성자集大成者이고, 추사는 실사구시학파實事求是學派에 속하는 인물이라는 정도였다. 그것도 그런 학파와 인물을 연계하여 외어 두어야 시험에 대비할 수 있었기 때문이라는 것 외에, 그들의 사상체계를 알기 위한 차원은 아니었다. 나중에 느낀 것이지만, 진리처럼 인식했던 실학 이해는 사실과는 거리가 있었다. 추사가 실사구시학파이고, 다산이 실학의 집대성자라는 확실한 근거를 나는 찾지 못하였다.

구체적으로 추사를 접하기 시작한 것은 한국학대학원에서 공부할 무렵이었다. 충청도 예산의 추사고택秋史古宅과 묘소墓所를 답사하면서, 이전에는 맛보지 못했던 어떤 감회가 있었다. 이후 몇 번에 걸쳐 답사를 하면서, 추사 선생의 묘소에 절을 올리곤 했다. 그때까지도 정말 추사에 대해 아는 것이 없었다. 나 자신이 서예나 그림을 아는 것도 아니고, 단순히 귀동냥으로 알고 있던 추사체라는 상징과 기호에 가려, 스스로 추사를 알기 위한 노력을 하지 않았다. 더구나 동양[한국] 교육철학을 공부하던 나로서는 무엇보다도 한문漢文이라는 학문적 도구, 동양철학적 기초가 중요하다고 판단했고, 그런 공부에 매달렸다. 유도회儒道會 한문연수원漢文練修院에서는 사서삼경四書三經을 익히기에 바빴고, 고려대 박사과정 때는 영문 자료를 비롯한 서구 교육철학사상의 흐름을 파악하기에 정신이 없었다.

그런 초학자 시절에 한시漢詩의 대가이신 은사恩師 권우卷宇 홍찬유 선생과 현 유도회 이사장이신 앙지仰之 정후수 선생께서 『추사 김정희 시 전집秋史 金正喜 詩 全集』을 출간하였다. 나는 두 분에게 직접 한문을 배웠고, 가끔씩 나누는 대화 속에서 추사에 관한 얘기를 스쳐지나가듯 듣기도 했다. 그런 영향 때문인지는 몰라도, 한문학이나 시 전공도 아니고 교육학을 공부하던 나는, 선뜻 선생께서 번역하신 추사 시전집을 구입하여 읽었던 기억이 있다.

그래도 추사에 대해 알았다고 할 수 없었다. 문집을 스쳐가듯 읽긴 했으나 구체적으로 연구하지는 않았다. 다행히 훌륭한 선생과 벗을 만난 덕분에 추사에 다가갈 수 있는 기회를 맞았다. 추사의 만년晩年이 살아 숨쉬는 과천에서 "추사연구회"가 발족했고, 나는 이전부터 한문을 배웠던 일우一愚 이충구 선생, 추사연구회 실무를 총괄하던 김규선 선생과 접하면서 추사에 대한 느낌을 새롭게 받았다. 그분들 덕분에 아무 것도 아는 것 없이 하는 일 없이, 추사연구회 운영위원으로 이름이 올라 있기도 하다.

그러던 차에 동양고전학회와 추사연구회에서 추사의 교육, 학문과 관련한 논문 발표의 기회가 주어졌다. 어떤 사람의 언급처럼, "글은 누군가 청탁하여 떠밀거나 독촉하지 않으면 나오기 어려운 것"인가 보다. 나의 학문적 게으름에 자발적으로 연구에 임하기보다 늘 밀리고 밀려서 글이 나오니, 참으로 아둔한 교육학자라고 볼 수밖에.

발표 논문을 준비하면서 학문이나 교육정신과 관련된 추사의 글을 찾았다. 많지는 않았지만 몇 편의 자료를 가려낼 수 있었다. 「인재설人才說」, 「적천리설適千里說」, 「실사구시설實事求是說」 등 인간과 학문방법, 실천양식에 관한 논문을 비롯하여, 몇몇 연구자들의 논저도 있었다. 글을 읽으면 읽을수록, 내 짧은 학문적 지식으로도, 기존의 추사 인식과 다른 무언가를 감지했다. 그것은 이런 의문이었다. "왜, 추사는 실학자로 평가받을까? 더구나 실사구시학파인가?" "금석문에 능한 고증학자, 서예가로만 각인되어 있는가?" "다른 무엇은 없는가?"

나는 유학幼學으로서 추사의 학자적 면모와 애절함, 유학자로서의 투철함을 속으로 느꼈다. 그리고 많은 사람이 "추사는 실학자다"라고 부르짖는 언표에 대해, 두려운 마음으로 "추사는 유학자다"라는 견해를 조심스럽게 내놓는다. 그렇다고 이것이 독창적이거나 특별한 주장은 아니다. 이미 위당爲堂 정인보 선생을 비롯한 몇몇 사람이 『완당선생전집阮堂先生全集』의 서문에서, 추사의 학문은 금석학이나 고증학에 치우친 것이라기보다 유학의 경학經學에 기본을 두고 있다고 적시摘示한 적이 있다. 그러나 현재 우리에게 다가오는 추사의 면모가 대유학자로서 그려지는 데 소홀한 것만은 분명하다. 이 책은 추사의 교육론과 관련하여 발표한 논문을 기초로 하여 새롭게 쓴 것이다. 바탕이 된 글은 다음과 같다.

「추사 김정희의 공부론」. 『동양고전연구』 제21집. 동양고전학회, 2004.

「추사 김정희의 실사구시(實事求是) 교육관」. 『한국교육사학』. 제27권 제1호. 한국교육사학회, 2005.

「추사 김정희의 인간관과 교육과정론」. 『교육문제연구』 제23집. 고대교육문제연구소, 2005.

「추사의 인간성 이해와 자질함양론」. 『추사연구』 제2호. 추사연구회, 2005.

다시 강조한다. "추사는 유학자다" 그렇다고 조선의 4대 서예가

요 추사체를 창안했으며, 시인이자 빼어난 예술인, 불교에도 조예가 깊은 학자라는 사실이 뒤집어지는 것은 아니다. 오히려 여러 학문을 두루 포괄하며 체득한 "통유通儒"로서 추사는 존숭되어야 한다. 단지 "실학"이라는 언어의 곡해曲解 때문에 위대한 유학자라는 사실이 제대로 평가되지 않아 안타까울 뿐이다.

나의 견해가 추사의 학문, 교육정신을 왜곡한 것이 아니길 간절히 소망한다. 그리고 추사를 비롯한 이른바 조선 후기의 "실학"으로 명명되는 학문 경향성에 대해 나는 지속적으로 성찰할 것이다. 아직도 추사에 대한 나의 견해는 여러 측면에서 부족하다. 그런 부분은 비판과 조언에 따라 채워나가고 싶다.

2006. 11.

광릉내 산자락 내각리 서재에서

신 창 호

차 례

제1장

추사는
"실학자"인가? 유학자인가?

무엇으로 다스리는가
인仁으로 바르게 하네
백성 가난 걱정할 만
백성 곤궁 염려할 만
민심이란 무상하여
어진 품에 안기리니

추사의 「인정전명仁政殿銘」에서

추사는 글씨만 쓰던 서예가인가? 그렇지만은 않다!

추사 김정희秋史 金正喜(1786~1856)는 조선 후기의 위대한 지성이다. "실학자實學者"라고 명명되는 인물 중에서, 현재 누구보다도 많은 관심과 연구의 대상이 되는 존재이다. 추사는 한 마디로 말하면, "추사체秋史體"라는 독특한 서체를 창안한 서예의 대가이다. 그리고 여러 가지 금석문金石文을 명확하게 밝혀낸 조선 고증학考證學의 태두이자, 그림과 시에도 능한 예술가이다.

이런 이해와 관심은, 금석문이나 시詩·서書·화畵를 다루었던 예술가로서의 추사를 다방면으로 그려낸다. 그것이 한국에서 추사 연구의 주축이다. 그러나 분명한 사실은, 추사는 현대적 의미에서의 예술가, 특히 전문 서예가나 화가는 결코 아니다. 즉 글씨만을 쓰고 그림만을 그리던 미술인이 아니라는 말이다. 왜냐하면 추사는 단지 한석봉과 같은 글씨의 대가나, 김홍도나 장승업, 정선과 같은 부류의 화가로만 명명할 수 없는 지적 소양을 체득한 학자이기 때문이다. 그는 조선조 사대부, 문인文人의 기본적인 활동 가운데, 특별히 예술적으로 뛰어난 기질을 보인 선비였다. 이는 추사를 바라보는 새로운 시각을 요청한다. 예술가 추사를 넘어 학자 추사를 드러내는 작업!

추사는 분명 탁월한 문인 예술가이다. 추사에 대해 전반적으로 그리려고 노력한 유홍준(2002)의 『완당평전』을 보아도 그것을 짐작할 수 있다. 평전에는 간찰簡札과 현판 글씨를 비롯한 다양한 형식의 글씨와 그림으로 장식되어 있다. 또한 과천문화원 추사연구회에서 기획·실천하고 있는 "추사글씨 탁본전(2004)"이나 추사의 작은 글씨전 "붓 천 자루와 벼루 열 개를 모두 닳아 없애고(2005)" 학계의 이목을 끌었던 후지츠카 기증 추사자료 전시회 "추사 글씨 귀향전(2006)"에 이르기까지, 추사 관련 전시회의 핵심은 글씨와 관련된 것이었다. 뿐만 아니라 추사와 연관되는 수많은 연구단체들의 학술·연구발표회를 보아도 대체로 서예나 시화를 중심으로 하는 예술가 추사를 조명한다.

왜 그런가?

아니 왜 그러해야만 하는가?

추사는 당대에 알아주는 학자였는데.

어쨌든 후대인에 의해, 김정희는 추사체를 중핵中核으로 자신을 드러내는 특출한 서예가로 자리매김 되었다. 그것이 틀린 평가는 아니다. 그러나 나는 판단한다. 이런 생각이 추사를 예술가로 만든 비극의 맹아였다고. 또한 생각해 본다. 한 분야의 힘 있는(?) 사람들에 의한 일방적인 규정이 한 인간을 살리기도 하고 죽이기도 한다는 사실을.

추사체의 창안은 더 이상 부연할 필요도 없이, 우리 문화의 자부심이요 자랑이다. 또한 추사는 금석학자이자 고증학자이며 시와 그림의 대가로서 최고의 지위를 확보하고 있다. 그럼에도 불구하고 학자로서, 관료로서, 선비로서 추사의 삶을 고려해볼 때, 그를 현대적 의미의 예술가로만 존숭하기에는 너무나 안타깝다.

"실학"연구 집단으로서 "추사학파"는 존재하는가?

추사는 흔히 조선 후기의 "실학實學"으로 불리는 학문 경향 중에서, "실사구시학파實事求是學派"로 분류·회자된다. 이른바, 3대 실학파인 "이용후생利用厚生", "경세치용經世致用", "실사구시實事求是" 가운데 하나의 학파로서 말이다.

그런데 나는 의문에 휩싸였다. 보통 "학파"라고 하면, 훌륭한 선생의 문하에서 함께 배우거나, 그 선생의 유지를 받드는 동학들이 모이거나, 특정한 지역, 배움터를 중심으로 학자들이 모여 학맥을 형성해야 하는데, 추사도 그러한가? 추사를 연구하는 사람은 많다고 들었으나, "추사학파"가 어떤지는 명확하게 떠오르지 않는다. 추사가 퇴계退溪 이황(1501~1570)이나 남명南冥 조식(1501~1572), 율곡栗谷 이이(1536~1584)를 태두로 하는 영남학파나 남명학파, 기호학파처럼 학맥을 형성하였던가? 학파를 이어갔던가?

추사는 어린 나이에 당시 북학北學에 관심을 보였던 박제가朴齊

家(1750~1805)의 문하에서 배웠다. 더구나 박제가는 "실사구시"가 아니라 "북학파北學派"로 규정되고, "이용후생"을 주장하는 인물로 알려져 있다. 그런 박제가를 스승으로 모시기는 했으나, 학맥을 통해 인연을 맺고 사상적으로 영향을 미칠 만한 학파를 형성했던 것은 결코 아니었다. 현재 한국에 추사학파는 어떤 맥락에서 지속성을 담보하고 있으며, 어디에 존재하는가?

나는 이 지점에서 회의懷疑한다. 무엇을 근거로 추사를 "실학자"라고 하고, "실사구시학파"로 자리매김 하는가? 나, 아니 대부분의 사람들에게 자신도 인지하지 못하는 사이에 "실학"이라는 망령이 횡행하고 있는 것은 아닌가? 특히 조선 후기의 부분적인 학문 경향인 "실학"은 조선 전기나 중기의 "성리학[유학]"과 상반되는 듯한 분위기로 이해된다. "실학實學=반주자학反朱子學"이라는 공식이 진리처럼 굳어 버렸다. 다시 말하면, "성리학=공리공담=허례허식=비현실성=봉건적, 실학=실용적=실제적=현실성=근대지향"으로 도식되어 있고, 당시의 학문 주류인 주자학[유학]과는 상반되는, 완전히 다른 학문으로 오해하게 만든다. 더구나 그것은 반봉건, 근대지향성 등 외국의 학문적 개념들이 섞여 들어오면서, 혼란을 거듭한다. 더 큰 문제는 "봉건체제=나쁜 것=청산의 대상" "근대성=좋은 것=긍정적 확산"이라는 인식을 암암리에 유포하며, 시대의 추세에 따라 정확하게 흘러간 조선사상사의 간파를 방해한다.

조선시대까지의 역사에서 "봉건체제"와 "근대성"에 대한 논의가 가능한가?

우리 역사에서 조선시대까지 "봉건제도" 혹은 "봉건체제"가 있었던가? 나는 역사에 대해 깊이 알지는 못한다. 짧고 무지한 역사적 지식에도 불구하고, 봉건제도는 동양에서는 고대 중국의 주周나라와 일본의 역사에서 에도(江戶) 막부시대에 있었고, 유럽의 중세 때 풍미했던 것으로 이해하고 있었다. 우리 역사에서는, 봉건제가 아니라, 적어도 나의 머리 속에는 한나라 이후 당나라를 비롯한 중국의 제도를 받아들여, 군현제郡縣制를 실시한 것으로 각인되어 있다. 그것의 흔적이 지금도 사용하고 있는, 도시가 발달하기 이전의 행정단위 명칭인, 군郡, 읍邑, 면面 등이 아닌가!

"근대성近代性"도 마찬가지이다. 17, 18세기 유럽의 근대 시민 사회가 성립될 때, 조선 사회에 그런 맹아가 있었을지는 몰라도, 조선의 사회 구조는 유럽의 그것과 견줄 수 있는 체제는 절대 아니었다. 내가 태어나고 유년시절을 보냈던 1960, 70년 대한민국 사회만 보아도 그렇다. 시골의 농촌, 산골 마을, 전기가 1970년 후반에 들어온 곳에서 살아서 그런지 몰라도, 중·고등학교 사회 및 세계사 시간에 배운 근대 시민 사회의 모습을 나는 이해할 수가 없었다. 왜냐하면 내가 살던 주변의 모습은 그런 근대성과는 무관했고, 유교적儒敎的이고 무속적巫俗的인 생각의 틀에서 움직이기 일쑤였기 때문이다. 시골 농촌뿐만 아니라 도회지의 경우에도, 근대 시민 사회와 같이 시민성이 발휘되는 그런 사고는 흔하지 않았던 것으로 기억된다.

근대 산업 사회를 이끌었다고 자부(?)하는 개발 독재 산업화 세력, 그 정점에 있었던 박정희 전 대통령이 사망했을 때, 많은 국민들은 국부國父인 왕王이 죽은 것으로 생각하고 길거리로 나와 대성통곡하며 그의 죽음을 애도했다. 나는 당시 고등학생이었다. 아직도 선명한 기억으로 남아있는 사실은, 시청에 마련된 대통령의 빈소를 찾아 우리 반 학우들은 집단적으로 애도의 뜻을 표했다. 이것은 근대 시민 사회의 모습과는 너무도 거리가 먼, 왕정王政 사회의 잔재가 훨씬 강하게 남아 있는 양상이었다. 지금부터 20여 년 전, 몇몇 지식인이나 서구 문명을 접한 사람을 제외하고, 우리 사회 대중들의 삶의 양식이 그랬다.

내가 근대, 시민, 민족, 민주, 자유, 평등, 계몽, 해방, 자본, 상공업 등등, 다양한 의미의 말들을 인지하기 시작한 것은 1980년대 이후 대학에 들어와서이다. 그것도 서구의 근대 시민성을 체득한 것이 아니라, 책에서 논의하는 대로 이념이나 개념, 용어로서 읽고 귀동냥했을 정도이다. 그런데 공부를 하면 할수록, 많은 연구자들이 "한국 사회에서 근대의 기점을 언제로 보느냐?" "봉건체제와 근대지향성" "근대적 사고의 맹아" 등 우리 사회의 근대성에 주목하던 모습을 목격했다. 나는 그런 연구의 경향에 적지 않게 충격을 받았다. 봉건체제나 근대성이 조선시대까지, 아니 1945년 해방 이후, 1960, 70년대의 최근세사에 이르기까지 분명하게 개념이 잡히지 않는데, 어떻게 함부로 빗대어 연구할 수 있는가? 나는 아직도 연구가 미진하여 그런 개념이나 용어를 쓰는데 주저한다.

"실학"은 조선 후기 "유학의 한 양상"이다

봉건체제와 근대성의 연결고리에서, 그 맹아적 성격을 조선 후기의 실학에서 찾는 경우가 많다. 여기에 함정이 도사리고 있다. 미리 말하면, 조선 후기의 "부분적" 학문 경향인 실학은, 당시의 주류 사상인 "유학[성리학; 주자학]에 터하여 이해해야 한다. 왜냐하면 사상은 아무리 비판하고 단절하려는 경향성을 지닌다고 해도 칼로 두부 자르듯이 일거에 뒤집어지는 성질의 것이 아니기 때문이다. 사상은 그 영향력이 큰 만큼 깊은 흔적을 남기며, 새로운 사조에 개입한다. 조선 후기의 학문적 경향도 마찬가지이다.

조선 후기의 주류 사상은 여전히 주자학[성리학]이다. 많은 연구자들이 실학자라고 명명한 학자들과 그들의 사상을 지나치게 강조하다보니, 주류학자들이 가려있을 뿐이다. 우리가 실학이라고 명명하는 학문 경향은 최고위층 관료 정치 집단의 사상적 경향이 아니라, 실무자급 관료의 현실적 고민에서 비롯되었다. 그들은 양반 가문의 서얼 출신이건, 중인이건, 기본적으로 유학적 사유를 익힌 집단이다. 따라서 유학의 범주를 쉽게 벗어나기 어렵다.

대신에 당시 중국[청나라]을 왕래하고 서구의 과학 문명을 접하면서 선진 문물의 새로운 점을 발견하였고, 그것의 유용성을 고민한 것은 사실이다. 그렇다고 유학의 모든 것을 버린 것은 결코 아니다. 때문에 실학이라고 명명하고 있는 학문은 주자학과의 단절이 아니라 연속선에서 파악되어야 한다. "실학"은 "실학"이 아닌 것이 아니라 실학임에 분명하다. 중요한 것은 유학과 범주 연관을 지닌 학문으로서 실학이다. 즉 유학[주자학]에 반대되는 실학이 아니라, 유용성과 실용성, 삶의 실천성에 기반하여, 유학의 특정한 사고에 대한 이해의 차원을 달리할 뿐이다.

비판적 고찰을 위해, 본격적으로 실학을 조명하며 규정했던 연구자들의 견해를 간략히 검토하자.

이우성(1963)은 조선 후기 실학을 다음과 같이 분류했다. 첫째, 성호 이익을 대종으로 하여 토지 정책 및 행정 기구, 기타 제도상의 개혁에 주력하는 경세치용학파, 둘째, 연암 박지원을 필두로 상공업의 유통 및 생산기구, 일반 기술면의 발전을 지표로 했던 이용후생학파, 셋째, 추사 김정희에 이르러 일가를 이룬 경서經書,

전고典故, 금석金石 등 고증학에 주력했던 실사구시학파가 있다.

이을호의 연구에 의하면 실학의 개념은 여러 갈래로 정의된다(1974: 278~282).

천관우 : 양계초의 "귀창貴創 · 박증博證 · 치용致用"의 설을 채용하여 "실정實正 · 실증實證 · 실용實用"으로 풀어 실학의 개념을 제시함

한우근 : 경세치용의 학으로 집약시켜 봄

김양선 : 실학實學="실사구시의 학[實事求是之學]"을 요약한 것으로 이해함

박종홍 : "성실은 마음으로 생각만 하는 데 있지 않고 실천 역행함으로써 실현되는 것이 사실이다. 무실사상務實思想은 바로 이 역행力行을 강조한 것이다. 그것을 우리 선인들은 실학이라는 이름으로 불러 온 것이다"라고 하여 무실역행의 실학을 말함

전해종 : 중국에서 실학이 어떤 의미로 사용되어 왔는가를 구명하면서 수기치인修己治人의 실학을 주장함

천관우 · 한우근 · 김양선의 경우, 실학의 개념은 경세치용의 실용과 실사구시의 고증학으로 분류해 볼 수 있다. 전자는 실용實用의 학, 후자는 실증實證의 학이다. 그런데 박종홍과 전해종에게서는 약간 다른 뉘앙스가 풍긴다. 성실誠實과 수기치인修己治人이라는

유학의 실천 개념들이 개입되어 있다.

금장태의 경우, 실학사상의 학문적 배경을 몇 가지로 나누어 이해한다(1987: 16~19).

첫째, 정통 도학파道學派와의 관계에서, 도학의 정통성을 긍정하는 바탕에서 도학파와는 다른 학문적 관심을 갖거나 도학을 긍정하면서 도학파의 태도에 현실적 한계가 있음을 자각하면서 실학적 문제의식을 제기하는 경향

둘째, 양명학陽明學과의 관계에서, 양명학이 주자학의 규범적 형식성을 비판하는 태도에서 자극받아 양명학을 보다 개방적으로 이해하는 경향

셋째, 서학西學과의 관계에서, 17세기부터 중국을 통해 서양의 과학 기술과 천주교 신앙에 관한 지식이 연속적으로 수입되면서 민감한 반응을 보인 유파

넷째, 고증학考證學과의 관계에서, 청대의 실학이 경학과 사학의 고증적 연구를 중심으로 발전한 것에 영향을 받아 경전에 대한 객관적·실증적 연구태도를 보인 경향

첫째와 둘째의 경우, 도학[성리학]과 양명학에 기초하므로, 실학은 근원적으로 유학을 전제하고 있다. 추사의 경우, 고증학에 능통하다는 이유로 네 번째의 경향으로 분류한다. 사실이건 아니건 실학을 규정하는 방식이나 내용은 상당히 다양하다. 뉘앙스에 따

라서는 정반대의 의미가 동일한 "실학"이라는 명칭을 쓰고 있다.

실학은 하나의 "개념"이요, 추사는 "실제적 유학자"이다

이러한 조선 후기의 학문 경향성인 실학에 대해, 우리는 근본적인 성찰을 할 필요가 있다. 그런 점에서 김용옥의 비판적 견해는 의미 있는 시사점을 제공한다.

> 실학은 사실이 아니다. 그것은 개념일 뿐이다. 여기서 사실이라 함은 "역사적 실체"를 이름이며, 개념이라 함은 "후대에 조작造作된 픽션"을 이름이다. …… 실학은 지금 우리가 실학자라고 부르는 사람들의 뇌리 속에서 우리가 생각하는 방식으로는 추호만큼도 그들의 의식행위를 지배했던 그러한 역사적 실체가 아니다. 즉 그들의 의식행위가 실학이라는 고유명사에 의하여 결집되고 있는 어떤 이데올로기를 변증법적으로 구성해가는 연계구조에 의하여 지배당하는 역사적 현상은 전혀 사실무근한 것이다. …… 실학이라고 우리가 현대적 히스토리오그라피 속에서 인식하고 있는 개념구조는 조선사상사에 내재하는 그러한 것이 아니다. 즉 여하한 존재론적 근거도 발견할 수 없는 픽션이며, 그것은 후대의 날조일 뿐이다. "실학"이라는 개념이 히스토리오그라피의 현대어적 개념으로서 등장한 것은 기껏해야 1930년대

> 일제치하에서 서구문물에 노출되고 민족주의를 자각한 소수 엘리트의 몽상적 논문에서부터인 것이다. …… 이렇게 해서 정착된 "실학"이라는 개념은 1950, 60년대를 거치면서 천관우, 한우근, 이우성 등의 선구적 작업을 통해 보다 구체화되는 명맥을 유지하다가, 1970년대에 고전학 연구 붐이 일어나면서 1980년대는 폭발적으로 연구자 커뮤니티를 형성하기에 이른 것이다. 박정희-전두환 군사독재의 암울한 정황 속에서 자라난 경제적 여건의 성숙과 언론의 억압이라는 배치곡선이 고전학 부활, 전통과의 연계성 회복으로 승화된 것은 마치 1930년대의 정황과 부분적 상응성이 있다고 할 것이다. 그리하여 마치 실학은 조선사상사의 가장 거대한 주류를 이루는 역사적 실체로서의 운동인냥 그 개념형성과정에 대한 인식론적 반성이 전무한 상태에서 그 존재론적 가설이 무분별하게 전개되고 그로부터 모든 연구의 논리가 연역되는 거대한 오류가 판을 치게 된 것이다(김용옥, 1990: 18~25).

나는 이러한 견해에 적극적으로 동의한다. 추사 또한 그런 맥락에서 인지되어야 한다. 추사는 "실학자"인가?

익히 알다시피, 추사는 경주 김씨라는 명문 집안 출신이다. 당시 대부분의 명문가 교육이 그러하듯이, 추사는 유학으로 학문의 기초를 다졌고, 24세에 생원 시험[과거]에서 1등으로 급제한다. 그리고 그해 동지 겸 사은부사가 되어 연행하는 아버지를 따라 연경에 갔다. 그곳에서 추사는 당시 청나라의 대학자인 옹방강翁方綱(1733~1818)·완원阮元(1764~1849) 등과 사제 관계를 맺으며 교류한다. 그들은 한결같이 추사의 학문적 의욕과 가능성을 보고, 엄청난 책과 서화작품, 탁본 등을 선물로 주었다. 나는 추사의 이러한 학문적 경험이 추사를 진정한 학자로 만든 계기가 되었다고 판단한다. 그 후 추사는 34세에 문과에 급제하고, 예문관 검열[한림학사], 암행어사를 거쳐 50세에는 성균관 대사성이 되었고, 이조참판까지 지냈다. 현대적으로 비유하면, 정부 기관의 요직에서 국립대 총장과 장·차관에 해당하는 지위까지 올랐다. 그의 이력은 정말 화려하다.

유학이 사상적 기반이었던 조선조에서 공식적인 경로를 통해 고위직을 수행하였다는 사실은, "유학에 능통하다"는 반증이다. 그런데도 추사를 "서예가"나 "금석학자", "실학자"로 규정한 근거는 무엇일까? 누누이 강조하였지만, 추사체의 창안과 금석문 연구 때문에 그런 점은 충분히 이해한다. 그런데 왜 "실학자"로 규정했으며, 특히 "실사구시파"로 확정했는지, 여전히 의문이다. 혹시 연구자들이 「실사구시설」을 보고, 실사구시라는 말 자체에 현혹된 것은 아닐까? 추사도 이전의 수많은 유학자들이 주장하던 학문하는 자세, 공부의 기본을 말했을 뿐인데. 실사구시라는 독특한 사유의 세계를 펼쳐낸 것처럼 잘못 인지한 듯하다.

추사는 시대정신에 맞는 조선 유학을 꿈꾼 것이 아닐까?

유학자들은 유학을 실학으로 규정한다. 특히 성리학자性理學者들은 노장老莊과 불교佛敎를 허학虛學으로 비판하며, 자기들의 학문인 유학에 대해서는 진실성과 현실성을 강조하는 실학實學으로 자처한다. 유학의 핵심 경전인 『중용장구中庸章句』에서도 유학이 "실학[진실한 학문]"임을 천명하고 있다.[1] 중국과 한국, 일본 등 동아시아사상사에서 "실학"은 시대와 상황에 따라 다양한 의미로 표출되지만, 공통적인 성격은 학문이 지닌 허위성·공허성의 비판이다.

우리가 실학이라고 명명하는 조선 후기의 학문 경향도 마찬가지이다. 실학은 성리학性理學·도학道學의 관념성에 대해 비판적이다. 즉 공리공담, 혹은 형이상학적으로 흐르는 성리학을 반대하고, 끊임없이 그 시대의 다양한 입장을 흡수하면서 그 사회의 현실문제를 해결하기 위한 지속적 관심과 개방적 섭취 태도에서 형성되고 전개된다. 특히 현실 의식과 실용적 요구를 반영하여 지속적으로 반성하고 실천하는, 경험적이고 구체적인 현실을 파악하려는 학문이다(금장태, 1987: 19). 그럼에도 불구하고 조선 후기 실학은 조선 초·중기에 형성된 학문 체계를 상당부분 지속하고 있으며 동시에 혁신을 꾀하고 있다.

앞에서 언급한 것처럼, 과거 시험을 거쳐 요직에까지 이른 추사는 유학자로서 학문의 깊이와 넓이가 상당했을 것이다. 그것은 그가 남긴 문집 곳곳에서 감지된다. 나는 추사의 문집을 보면서, 왜 추사가 "실학자"로만 평가 받아야 하는지, 서예가, 고증학자로만 인식되어야 하는지, 안타까움과 의문에 휩싸이게 되었다. 누누이 강조했듯이, 추사는 위대한 예술가이다. 그것은 그가 남긴 작품이나 학문적 성과로 볼 때, 부인할 수 없는 사실이다. 나도 그렇게 본다. 그러나 추사의 인생을 돌아볼 때, 그것과 다른 새로운 눈이 필요하다.

내가 기존학계의 시각에 대해 좀더 확고하게 회의와 의문을 가지게 된 것은 『완당전집』의 앞부분에 쓰여 있는 "서문" 때문이다. 좀 길다고 느껴지지만, 강조하는 맥락을 보기 위해 상당 부분을 발췌해 본다.

| 김녕한金甯漢의 서문 |

내가 어렸을 적에 덕망 있는 선배들이 우리나라[조선]의 인물을 논하면서 완당阮堂 김 선생[추사 김정희]을 송나라 때의 소문충蘇文忠[당 · 송 8대가의 한 사람인 소식蘇軾을 말함]에 비유하는 말을 들었다. 세상에 뛰어난 재주와 나라를 빛낼만한 솜씨, 해박한 견문과 많은 학식으로 명성이 천하에 가득한 것, 신묘한 경지에 들어간

서법書法과 화법畫法, 임금의 은혜를 일찍 입어 화려한 관직을 역임하다가 중간에 화를 만나 머나먼 변방에 유배되었으나 영고득실榮枯得失을 마음에 개의치 않고 물상 밖에 초연히 우뚝 선 것도 한결같이 소문충과 다름이 없다. 그러나 세상에서 선생을 칭찬하는 이들은 하나의 기예만을 들어 "필가筆家의 뛰어난 인물이다" "고증학이 풍부하다"고만 할 뿐이고, 스스로 선생을 깊이 안다고 자부하는 이는 고작 "시詩는 정예하고 강강하며 문文 또한 간결하여 세속의 비속한 투식을 벗어나 고인古人의 경지에 올랐다"고 하는 데 불과하니, 이런 정도뿐이라면 어떻게 선생을 참으로 안다고 할 수 있겠는가? 조선의 치법治法과 정모政謨는 송나라와 방불한데, 조정이 청명하고 세상이 편안하므로 재능 있는 이들이 서로 함께 진출하여 대도大道가 한창 융성해졌다. 그런데 이때 선생이 경술과 문장으로 관직에 막 등용되고부터 한 세상에 우뚝 뛰어나므로 임금을 보좌하여 치화治化를 이루고 계책을 내어 임금을 보필하는 일이 의당 수없이 많은 것을 보게 되었다. 그렇게 되었다면, 그 공명과 사업이 어찌 한기韓琦·부필富弼·범중엄范仲淹·구양수歐陽修만 못하겠는가?

그러나 선생은 강하고 모난 성품과 고고하고 깨끗한 행실이 절로 재능을 감추고 세속과 혼동하여 남들과 함께 진퇴를 해서 복록과 지위를 보전하지 못하였다. 그러므로 선생을 좋아하지 않는 자들이 그 단점을 드러내어 마침내 임금이 어진 신하를 불신하도록 만들었다. 그리하여 궁벽한 바다와 머나먼 변방에 귀

양살이를 하게 되어 모진 고생과 상심 속에 구사일생으로 지내면서 임금을 높이고 백성을 보호하는 큰 계책을 쌓아두고도 펴지 못함으로써 후인들이 한기·부필·범중엄·구양수에 비기지 않고 오직 소문충에게만 비기게 하였으니, 이것이 어찌 선생에게만 불행한 일이겠는가!

| 정인보의 서문 |

공은 어려서 특이한 자품을 타고난 데다 부친 유당공(酉堂公; 김노경金魯敬의 호)이 넓은 식견으로 실사구시의 학문을 하므로 말미암아 가정에서 이미 부친의 학문을 이어 받았다. 그리고 글을 숭상하고 옛 도를 상고하던 정조正祖 때는 『상서尙書』 고문古文에 관한 의문점을 발명함에 따라 사대부들이 점차로 그 은택을 입음으로써 석천石泉(신작申綽의 호)·다산茶山(정약용丁若鏞의 호)·아정雅亭(이덕무李德懋의 호)·정유貞蕤(박제가朴齊家의 호) 등 여러 경사經師들이 급진적으로 정현鄭玄이나 허신許愼을 능가하였으니, 이것이 또한 공의 앞길을 열기에 충분하였다.

공이 약관 시절에 사신 가는 부친을 따라 연경에 가서 옹방강·완원과 교유하고 그 후로는 그들과 서신 왕래를 한 것이 매우 많았다. 그리하여 세상에서는 그 사실만 보고서 마침내 그의 학문이 여기에서 얻어진 것이라고 여기고, 일찍부터 가정과 사우들로부터 전해 받은 것이요, 그들에게서 힘입어 얻은 것이 아니라는 것은 알지 못한다. 대체로 학문의 본원을 터득한 공에 대하여 한갓 서예와 고증학만을 중시하는 것은 [추사선생을] 얕보는 일이다. 그러나 그 서예와 고증학에 대해서도 다만 막연히 중시할 뿐이요, 그 진가를 능히 알 사람이야 몇이나 되겠는가?

| 민규호閔奎鎬의 「완당김공소전阮堂金公小傳」|

공은 겨우 약관의 나이에 온갖 서적을 관철하여 학식이 대단히 깊고 넓어서 그것이 마치 헤아릴 수 없는 하해와 같았다. 특히 전심하여 공부한 것이 십삼경十三經이었고, 그 중에서도 『주역周易』에 더욱 조예가 깊었으며, 금석金石 · 도서圖書 · 시문詩文 · 전예篆隸 등의 학문에 대해서도 그 근원을 궁구하지 않은 것이 없었고, 더욱이 서법書法으로는 천하에 명성을 드날렸다. 일찍이 「실사구시설實事求是說」을 저술하여 이르기를 "학문하는 도리는 이미 요순과 주공 · 공자를 귀의처로 삼았으니, 굳이 한漢 · 송宋의 한계나 주朱 · 육陸과 설薛 · 왕王의 문호를 나눌 필요가 없고, 다만 심기를 침착하게 갖고서 독실히 배우고 힘써 실천할 뿐이다"라고 하였으니, 대체로 공의 경학經學은 오직 성인의 지취에 맞게 하는 것을 근본으로 삼았다. …… 공이 저술하기를 좋아하지 않아서, 젊은 시절에 엮어놓은 것들은 두 차례에 걸쳐 다 불태워버렸고, 현재 세상에 전하는 것은 평범하게 왕복했던 서신에 불과한 것이다. 그러나 도의道義의 바름과 심술心術의 밝음과 경례經禮의 발휘에 있어 공의 대략을 알 수가 있다.

위의 서문 곳곳에 나의 시선은 끌렸다. 그것은 한결같이 유학의 내용과 관련된 부분을 핵심적으로 지적하면서, 유학자로서의 추사를 제대로 평가하지 않은 부분에 대해 비판하거나 아쉬움을 토로하고 있다.

> "경술과 문장으로 관직에 막 등용되고부터 한 세상에 우뚝 뛰어나므로 장차 임금을 보좌하여 치화治化를 이루고 계책을 내어 임금을 보필하는 일이 의당 수없이 많은 것을 보게 되었다."

> "학문의 본원을 터득한 공에 대하여 한갓 서예와 고증학만을 중시하는 것은 [추사선생을] 얕보는 일이다."

> "전심하여 공부한 것이 십삼경十三經이었고, 그 중에서도 『주역周易』에 더욱 조예가 깊었으며 …… 대체로 공의 경학經學은 오직 성인의 지취에 맞게 하는 것을 근본으로 삼았다. …… 도의道義의 바름과 심술心術의 밝음과 경례經禮의 발휘에 있어 공의 대략을 알 수가 있다."

경술과 문장, 치화, 계책, 학문의 본원, 십삼경, 경학, 도의, 심술, 경례 등은 모두 정통 유학을 지칭하는 용어이다. 추사는 가학家學에서부터 이런 유학을 자기 학문의 기반으로 삼았음에 분명하다. 연경에 다녀온 후, 청나라 학자들과 교유하면서, 또는 유학 이외의 서적이나 문화를 접하면서, 정통 유학에 대한 진지한 반성이나 새로운 성찰이 있었을 것이라는 추정은 할 수 있다. 그렇다고 하더라도 추사의 학문 뿌리는 유학이었음에 분명하다. 기본적으로 유학에 관심을 갖고 유학을 연구하며 유학으로 수기치인修己治人했던 추사의 면모를 부정할 수 없다. 이는 서문을 쓴 사람들이 어떤 부분보다도 힘주어 강조하는 평가 대목이다.

한 인물의 사상에 관한 연구는 대부분 그 인물의 사고 체계가 담긴 구체적 저작에 의한다. 그런데 추사는 사상 체계를 갖춘 저작보다는 대부분 단편적인 글들을 남겼다. 시문학·예술·금석문, 특히 글씨를 많이 남겼기에, 기존의 연구가 서예론, 시화론, 예술론을 논의하는데 치우칠 수밖에 없었다. 그것이 아쉬움이요 안타까움이다.

그런데 추사는 경학 중에서 『주역』에 조예가 깊다고 했다. 주역은 유학에서도 최고의 경전으로 손색이 없는 매우 큰 비중을 차지한다. 그런 경전의 대가라면, 그의 학문 수준을 가늠할 수 있지 않은가! 특히 추사는 주역을 해석하면서 송대宋代의 의리역학義理易學을 수용했다고 한다(서근식, 2006). 그것은 그의 사고가 명백하게 송학宋學[성리학]에 기초하고 있다는 사실을 부인할 수 없게 만든다. 이런 점에서 그는 유학자다. 실학자가 아니라 유학의 근본을 고민한 학인學人이다.

그렇다면, 추사는 유학을 학문의 근저로 삼으면서, 시대정신에 맞는 실제적 유학을 고민한 것이 아닐까? 유학의 실제 정신을 시詩·서書·화畵나 금석·고증학 속에 녹여 표현하려던 것은 아닐까? 나아가 인고忍苦의 세월을 가슴에 묻으며 진리의 세계를 두루 통하는 깨우침 이후, 불교의 초의艸衣 선사와 정겹게 서신을 주고받으며 다정茶情을 나눈 것은 아닐까?

> 추사는 유학의 실제적 학문, 교육을 근본적으로 성찰하려던 학자가 아니었던가!

사실 추사의 철학·사상이나 학문·교육과 관련해서는 연구가 많이 진행되지 않았다.[2] 아마 추사를 연구하려는 많은 연구자들도 이 점에서 당혹스러웠을 것이다. 이런 사실을 인식하고, 나는 추사의 학자적 면모를 좀더 고민하게 되었다. 그리하여 추사를 그의 이름에 상응하는 당대의 대유학자로서 그려보고 싶었다. 분명 추사의 글을 파고 들어가면 그런 사고를 발견할 수 있으리라. 그의 학문이나 사상에 대한 연구가 상대적으로 미미하기에 그를 학자로 볼 수 없다기보다는 한 편의 글이라도 구체적인 분석을 한다면, 의외의 성과를 얻을 수 있으리라. 그것이 나를 추사의 글 속으로 들어가게 만들었다.

나는 내가 공부하는 교육철학의 관점에서 탐구를 시작했다. 그런데 문제는 심각했다. 교육철학과 관련한 연구 성과는 거의 없을 뿐만 아니라,[3] 조선교육사상사에서도 추사를 자세하게 다루지 않고 있었다. 더구나 유홍준(2002: 138~140)과 같은 영향력 있는 연구자조차도 추사의 학문에 대해 "청조 경학의 철저한 고증학적 태도"로만 바라보고 있으니 어찌할 것인가? 미학과 미술사, 동양의 예술철학을 전공한 그의 한계로 돌리기에는 너무나 안타까웠다. 어려운 주제이기는 하지만, "학자 추사"를 그려내려는 노력이 예술가 추사를 그려내려는 노력만큼만 있었다면, 추사는 예술가로만 남아 있지 않았으리라.

학문은 탐구 영역과 연구자에 따라 얼마든지 다른 관점이 제기될 수 있다. 교육학자인 내가 볼 때, 추사의 「인재설人才說」은 핵심을 찌른 학문적 논고이다. 그런데 유홍준은 단 한 글자의 내용 분석이나 안내도 없이 "크게 학學이라고까지 할 것은 없다"라는 한마디로 유학자 추사를 외면해 버렸다. 추사의 학문 태도를 상징적으로 보여주는 「실사구시설」에 대해서도 나름대로 분석은 하고 있다. 그러나 추사의 "논·설·변 모두가 실사구시의 정신을 벗어나지 않는다" 또는 "고증학의 입장을 견지하고 있다"는 평가 외에 어떤 구체적 고찰도 하지 않고 있다. 어떤 부분에서는 더욱 모호하게 만들었다. 내가 아둔하여 이해를 못한 것인지 모르겠으나, 예컨대, "한송불분론漢宋不分論"을 설명할 때, 추사가 한나라 유학인 훈고학을 송나라 유학인 성리학보다 낫다고 인식했다는 것인지, 둘 다 잘못되었기에 실사구시 고증학을 주장했다는 것인지, 학자 추사의 주장을 분석하여 분명하게 일러주지 않고 있다. 예술 분야 쪽의 다른 연구자들도 추사의 학문에 대한 견해는 대동소이했다. 이런 선행 연구가 더욱더 나를 추사의 텍스트 속으로 들어가게 만들었다.

나는 교육학자이다. 그것도 동양(한국) 교육철학과 사상사를 주로 공부하고 있다. 따라서 추사를 고찰할 때도 이런 관심 영역에서 접근했다. 추사의 문집을 보니, 교육적 사고와 학문을 엿볼 수 있는 논고가 너무 적었다. 그래도 찾아낸 것이 「인재설」과 「적천리설適千里說」, 「실사구시설」 그리고 몇 편의 시詩·변辨·고攷였다.

추사는 「인재설」 – "인간의 자질에 관한 논의"에서, "인간의 자질을 평등하지만 차이가 있다"고 보고, 그것은 교육을 통해 바뀔 수 있다고 인식한다. 중요한 것은 궁극적으로 교육은 주체적 힘에 의해 자주적으로 진행되어야 한다는 점이다. 「적천리설」은 교육의 과정에서 스승의 중요성을 논하고, 의구심의 해소를 통해 자기 확신을 가질 때 학문과 삶이 완성될 수 있다는 교육철학을 보여준다. 그리고 「실사구시설」에서는 "실제"와 "진실"을 담보로 하는 학문 방법과 교육관을 통해 실제적 교육관을 보여주었다. 특히 "사실에 근거하여 진리를 구한다"는 측면에서 교육의 표준을 제시하였다. 아울러 "스승의 전수傳受와 주석註釋의 문제를 소중히 하고 올바른 해석을 갈구한다"는 점에서 교육의 내용과 방법을 제공하였다. 뿐만 아니라 "경전의 가르침을 일상생활에 적용하기를 염원한다"는 부분에서는 교육 응용의 중요성을 역설하며, 실사구시의 교육 정신을 제시하였다.

추사는 분명 조선 후기 유학의 새로운 경향 속에서 "실제적 학문"의 한 축을 형성했다. 그것은 이념과 내용, 방법적으로 유학의 본령을 계승하고 있다. 비록 짧고 몇 편 되지 않은 추사의 사유에 대한 분석이지만, 나는 판단한다. 추사는 유학의 실제성을 근본적으로 성찰하려던 유학자라고.

제2장

추사는 인간을 어떻게 이해하는가?

사람은 타고날 때부터
인의예지仁義禮智의 본성을 지니고 있다.
그러나
사람마다 타고난 기질氣質은
똑같지 않다.

주자의 「대학장구」 서문에서

교육은 인간의 고유한 행위로 심성心性 파악을 전제로 한다

교육은 인간의 고유한 행위이다. 그것은 삶의 전 과정을 통해 진행된다. 공자는 『논어論語』의 첫머리를 "학이시습學而時習"이라는 말로 장식했다. "배우고 때때로 익힌다!" 배우고 익히는 과정은 "때[時]"라는 표현에 의해 강화를 거친다. 이때 "때"는 "무시로 익히지 않음이 없음"을 의미한다. 따라서 언제나 배우고 습관화하는 과정, 그것이 교육의 알맹이인 "학습"의 의미이다. 이는 현대 교육적 의미에서는 평생학습(life-long learning[education])의 차원에서 논의함직하다.

조선의 지적 거장인 율곡栗谷 이이李珥(1536~1584)는 『격몽요결擊蒙要訣』에서 교육의 목적을 "일상생활의 합리적 도모에 있다"고 강조했다. "인간이 세상을 살아가면서 교육을 하지 않으면 바른 사람이 될 수 없다"는 인식. 그것은 교육이 "올바름"과 "인간됨"이라는 삶의 문제에 핵심을 두고 있다는 의미이다. 즉 인간의 삶, 자기 목적의식에서 체험적으로 우러나온 말이리라.

서구의 인식도 예외는 아니다. 대학에서 선구적으로 교육학 강의를 했던 독일의 철학자 칸트Kant(1724~1804)도 『교육학강의』에서 "인간은 교육을 필요로 하는 유일한 동물이다"라고 하였다. "교육적 동물"로서의 인간 선언이다. 이처럼 인간에게 교육이 필요한 이유는 인간의 특성과 관련된다. 짐승은 이미 그의 본능에 의해 모든 것이 갖추어져 있다. 그러나 인간은 자기 자신의 이성을 필요로 한다. 인간은 본능을 갖고 있지 않으므로 자기의 행동계획을 스스로 세워야 한다. 인간은 본능적으로 혹은 선천적으로 삶에 필요한 모든 것을 지니고 있지 않으므로 교육을 통해 그것을 충족해야 한다. 교육은 이러한 상황에서 출발하는 인간의 특징이다(신창호, 2005e). 때문에 인간을 파악하는 행위는 교육에서 가장 선차적인 중요한 작업의 하나이다.

추사는 인간을 어떻게 파악했을까? 그의 인간에 관한 인식은 교육의 가능성을 제시하는 문제와 직접적으로 연관된다.

전통 유학에서는 인간을 파악할 때, 심心이나 성性을 통해 규명하려고 했다. 흔히 마음, 혹은 본성으로 해석되는 심성心性은 인간 이해의 기초였다. 『대학大學』의 첫 구절에 등장하는 "대학지도大學之道 재명명덕在明明德"의 "명덕明德"도 그렇고 『중용』의 "천명지위성天命之謂性"에서 "성性"도 인간을 이해하기 위한 기본 개념이었다. 이는 맹자孟子 이래로 "성선性善"의식을 바탕으로 전개되어온 유학적 신념과 결부된다.

추사는 중국유학사에서 중시한 인성人性과 천명天命의 통일성을 노래했다

추사는 「성명性銘」을 통해 유학의 정통적 관점을 잇고 있다. 주나라로부터 춘추 전국, 한나라에서 송에 이르는 중국유학사를 한 편의 시처럼 압축하여 노래하였다.

주의 초기 소고에서 절성을 일컬었고
周初召誥 肇言節性
주의 말기 맹자는 성명을 아울러 말했네
周末孟子 互言性命
성선설 따져보면 병이로 입증되고
性善之說 秉彛可證
명한 철과 명한 길은 갓 생길 때 정해진 것
命哲命吉 初生卽定
종명이나 미성에도 각기 바름에 이르도록
終命彌性 求至各正
그 덕을 매진하고 그 행실 품절했네
邁勉其德 品節其行
복성의 설 일어나자 주정으로 흘렀거든
復性說興 流爲主靜
장주에서 석가마저 성 보기를 거울같이
由莊而釋 見性如鏡

주공 맹자 상고하면 거리 서로 멀었느니

考之姬孟 寔相逕庭

고훈에 합하려면 거경 밖에 또 있으리

若合古訓 尙曰居敬

(『阮堂先生全集』 卷7)

첫 번째 구절인 "주나라 초기의 소고에서 절성을 일컬었고"는 『서경書經』 「주서周書」 "소고召誥"편의 이야기다. "소고"는 성왕成王이 낙양洛陽으로 도읍을 옮기기 직전, 소공석召公奭이 성왕에게 충고하던 사실을 적은 기록이다. 여기에서 절성節性은 "왕이 먼저 은나라를 복속시켜 다스리고 우리 주나라의 정치를 친근하게 하시며, 관리들의 성품을 절제하게 하시면 날로 발전할 것입니다"에서 "성품을 절제"하는 인간성의 조절 행위를 일컫는다.

인간성의 조절은 교육과 정치의 핵심이다. 그러기에 유학에서는 "천리를 보존하고 인간의 욕심을 막으라"는 "존천리 거인욕存天理 去人欲" 혹은 "존천리 알인욕存天理 遏人欲"을 누누이 강조한다. 추사 또한 이를 제일 먼저 지목하였다. 그것은 인간의 본성과 정상적인 발동에 관한 하나의 지침이다.

두 번째에서 여섯 번째 구절까지는 맹자의 성선설과 명命[천명天命]의 문제를 핵심으로 드러낸다. 성선性善은 너무나 익숙하기에 굳이 논의하지 않으리라. 맹자는 『맹자』에서 성과 더불어 명命의 문제를 수시로 노정한다. 즉 인간에게는 천성으로 부여된 선한 본성의 단서가 있다. 이를 확충하여 인의예지仁義禮智의 사덕四德으로 발전시켜야 한다. 인의충신仁義忠信을 행할 수 있는 도덕적 능력은 하늘이 준 벼슬[천작天爵]이다(김낙진, 2005). 다시 말하면 인간의 내부는 천성天性에 의해 구성되고 외부는 천명天命의 규제를 받으며, 성과 명은 불가분의 관계를 이룬다. 이러한 성명性命은 인간을 규정하는 본질이다.

따라서 명命의 총명함[哲]과 명命의 훌륭함[吉]은 태생적으로 정해진다. 그러기에 인간은 제각각 명命의 완성[終]과 성性의 지속[彌]을 위해 올바름에 이르도록 해야 한다. 나아가 그 덕에 최선을 다하고 행실을 적절하게 규정하여 실천해야 한다. 성명性命의 문제는 궁극적으로 선한 본성의 확충과 인간의 완성을 꿈꾼다. 이것이 유학에서 교육의 기본이다.

일곱 번째부터 아홉 번째 줄까지는 한대漢代에서 당대唐代를 아우르며 도교와 불교가 융성하여 유학이 피폐해진 것과 연관된다. 이는 주자의 한탄과도 그대로 통한다.

> 세속의 유학자들은 사장詞章을 외우고 읽는 학습을 했는데, 그 공은 『소학』보다 배가 되었으나 아무런 쓸모가 없었고, 노자나 불교의 허무虛無와 적멸寂滅의 가르침은 그 높음이 『대학』보다 더하였으나 실제적인 내용이 없었으며, 기타 권모술수로 일체의

> 공명을 이루려는 언설과 백가중지百家衆技의 부류들이 세상을 어지럽히며 백성을 속여 인의仁義를 가로 막고, 또 그 사이에 어지럽게 섞여 나와서, 불행하게도 지도자[군자]에게 그 대도大道의 요체를 듣지 못하게 하였고, 백성[소인]에게 훌륭한 다스림의 혜택을 입지 못하게 하였다. 세상이 어둡고 막히어 고질적인 병폐가 반복하여 나타났고, 오대의 쇠퇴기에는 무너지고 어지러움이 극도에 달하였다(『大學章句』「序」).[4]

그러다가 당대唐代에 한유韓愈(768~824)와 이고李翶(772~841)가 유학 부흥의 맹아를 싹틔웠다. 특히 이고는 「복성서復性書」를 내면서 송학宋學의 선구가 된다. 이고에 의하면 인간의 성품은 하늘로부터 받은 것이다. 사람이 성인이 되는 까닭은 성性 때문이다. 그런데 성을 유혹하는 것은 정情이다. 정은 성을 혼탁하게 하는 흙탕물이나 연기와 같은 것이다(유명종, 2000: 219~222). 따라서 일체의 사려를 끊고 성性을 정지 상태로 두면 정情의 유혹을 받지 않는다. 받은 성性을 그대로 지속한다면 성인이 될 수 있다. 성인의 경지에 이르기 위해서는 성을 부동不動의 상태로 두어야 한다. 이것이 복성復性의 논리이다.

복성은 청명淸明의 작용이기에 신독愼獨(홀로 있을 때를 삼감)을 구체적 수양 방법으로 선택한다. 이고의 이런 사유는 유학의 주요 경전인 『대학』『중용』 등에 기초하는 유학 정통의 성명性命론이다.

그런데 세상 사람들은 복성의 원리를 알지 못하고 노장이나 불교에 빠지는 경우가 많다고 비판한다(森三樹三郎, 1986: 191~192). 추사도 이점을 놓치지 않았다.

추사는 마지막 열 번째 줄에서 유학[성리학]의 핵심 주제로 결론 짓는다.

"고훈에 합하려면 거경居敬 밖에 또 있으리!"

거경居敬이 무엇이든가? 대부분의 성리학자들이 공부의 지침으로 삼던 내용 아닌가!

요컨대 추사는 "성선性善"의 설을 인간의 표준[병이秉彝]으로 규정했고, 주공에서 맹자에 이르는 유학의 도통을 도가나 불교와 분명하게 구별하면서 유학을 옹호한다. 특히 마지막 글귀인 "거경居敬 밖에 또 있으리"라는 대목을 볼 때, 그의 지향점은 분명하다. 인간성을 선善으로 인식하고 경敬으로 수양하려는 유학적 관점에 철저하다.

"실제"의 하이라이트는 유학 정통의 공부법인 경敬에서 완성된다

앞에서 언급한 바 있지만, 우리는 이 지점에서 추사의 사상을 재음미할 필요가 있다. 기존의 학계에서 추사는, 청대 학술 사상의 영향을 받은 "실학자實學者"로 규정되고, 금석학자 내지는 고증학자로서 자리매김해 왔다. 이는 추사의 학문하는 자세가 실사구시實事求是를 핵심으로 하는 동시에 학문 방법론적 측면에서 고증을 통해 확인하려는 태도에 기인한 평가로, 부인할 수 없는 사실이다.

그러나 「성명性銘」에서 보았듯이, 추사의 사상이 단순히 반주자학反朱子學·탈성리학脫性理學적 맥락에서만 이루어진 것은 아니다. 추사는 유학의 도통道統을 나름대로의 학문 근거로 담보하되, 그것이 "실사구시"에 맞는지의 여부를 따진 듯하다. 뒤에서 구체적으로 다루겠지만, 「실사구시설」에서 추사는 "성현의 도는 몸소 실천하는 데 있지 공허한 이론을 숭상하는 것이 아니다. …… 중요한 것은 마음을 바로 잡고 기를 맑게 하여 널리 배우고 힘써 실행하는 일이다. 오로지 '실제적인 일에서 올바름을 구한다'는 이 한 마디 말을 기본으로 하여 실천하는 것이 좋다"라고 하여, 유학[성리학]의 핵심 공부법을 실사구시의 학문 태도로 인정하고 있다.

「성명」의 마지막 구절에서 확인했듯이, 추사는 최고의 공부방법으로 경敬을 제시했다. 경은 유학의 시조인 공자孔子에서 성리학性理學의 여러 성현에 이르기까지 공부의 핵심이다. 공자는 군자君子가 되는 방법적 핵심으로 경敬을 제시했다. "먼저 경으로 몸을 닦고, 다음으로 몸을 닦아서 다른 사람들을 편안하게 하며, 마지막으로 내 몸을 올바르게 잘 닦아 모든 사람들을 편안하게 살 수 있도록 한다(『論語』「憲問」)."[5]

경敬은 내면적 자기교육이다

경은 유학에서 나를 닦고 기르는 일로 "몸"이라는 구체적이고 실존적인 유기체의 완성을 꾀하는 실천 공부이다. 좀더 차원을 높이면, 인간의 내·외면을 아우르는 수양의 극치로 공부의 진수를 보여준다. 그 전통은 "경으로 안을 곧게 하고 의로 밖을 방정하게 한다" "공경하고 삼가면 패망하지 않는다" "공경하면 허물이 없을 것이다(『周易』)."[6] 등등 『주역』의 인생철학에서 연유한다.

경은 인간의 마음가짐과 행동거지 측면에서 볼 때, "내면적인 마음을 바르게 하는 일"이다. 마음이 바르면 삶이 순조롭고 행운이 닥칠 듯한 기분이 든다. 이러한 경敬은 늘 공恭과 함께 우리 삶 속에 서려 있다. 왜냐하면 "겉으로 드러나는 것이 공이고 마음에 보존되어 있는 것이 경(『性理大全』 卷37)"[7]이기 때문이다. 경은 인간 내면에 들어 있는 마음의 자세이자 중추이다. 공은 이런 마음이 행위로 펼쳐져서 용모에서 겸손謙遜으로 드러나는 것이다(『國語』 卷5 魯下, 註).[8]

> 신체가 엄정하고 용모가 단정한 것은 공恭의 의미를 보여준다. 공은 경敬이 밖으로 나타나는 것일 뿐이고, 경은 공이 마음

> 에 보존되어 있는 것이니, 경과 공은 두 가지가 아니다. 이는 마치 형체와 그림자의 관계와 같다. 공은 용모를 근본으로 하고 경은 일을 근본으로 한다. 어떤 일이 있어 마음에 두고 그 마음을 바꾸지 아니하고 행하는 것이 경이다. 공은 밖에 나타나고 경은 마음 가운데 자리한다. 몸을 정성껏 하는 것으로 말하면 공이 비교적 긴요하고, 일을 행하는 것으로 말하면 경이 간절함이 된다(『性理大全』 卷37).[9)]

공과 경은 어느 하나도 소홀히 할 수 없는 인간 수양의 기본이다. 그럼에도 불구하고 유학은 경을 근본에 둔다. 이는 내면적 성찰을 중시한다는 의미이다. 그러기에 공자는 나라 다스리는 도리를 말할 때에 "일을 맡았을 때는 공경하게 하고 백성들에게 믿음을 주라"고 하였다. 또한 "거처할 때에 공손히 하고, 일을 집행할 때 공경하며, 사람을 대할 때에 마음을 다해야 한다"고 강조한다. 요컨대 인간의 일삼음, 일상의 거처가 공경하게 될 때, 건전한 삶이 구성될 수 있다. 이는 일상생활에서 공경을 삶의 표준으로 인식한 것이다. 이런 정신은 맹자에게 그대로 이어지면서 내재적 가치로 승화한다(『論語』「學而」; 「子路」; 『孟子』「離婁」 上; 「離婁」 下; 「盡心」 上).[10)]

또한 『대학』에서도 수신修身을 "두려워하고 공경하는 것"이라고 하여, 제가齊家의 전제 조건으로 제시했다. 그리고 『중용』에서도

"가지런하고, 씩씩하고, 적절하며, 바르게 되는" 인격을 갖추어 예로 들어갈 수 있음을 말했다(『大學』 傳8章; 『中庸』 31章).[11] 이에 대해 성리학자들도 다양한 용어로 표현한다. "마음을 한 곳으로 모아 흩어지지 않게 하는 것, 몸가짐을 가지런히 하고 태도를 삼가고 공경함, 늘 마음이 깨어 있게 하는 법, 마음을 수렴하여 다른 사물을 허용하지 않는 일" 그 요체는 모두 비슷하다(『大學或問』).[12] 주자는 이런 경을 유학에서 가장 중요한 공부로 인식했다. 그러므로 처음부터 끝까지 잠시라도 중단해서는 안 된다고 여겼다(『朱子語類』 卷12).[13]

경敬공부는 교육의 알파이자 오메가이다

사실 유학 공부는 "경敬"자 하나에 집중되어 있다고 해도 과언이 아니다. 수양의 최고 근거, 근본으로서 경은 인간의 마음에 내재적 가치로 배어 있다. 따라서 경 공부는 유학자들에게 하나의 생활과도 같았고, 인생에서 한 순간이라도 쉼 없이 전개되어야 하는 삶 자체였다. 이것이 바로 거경居敬의 실천이다.

유학에서 학문, 즉 교육은 바로 거경의 실천을 생활 속에서 전개하는 작업이었다. 조선조의 퇴계와 남명, 율곡이 모두 그러했다. 퇴계와 남명은 경敬을 "성학聖學의 처음과 끝이 된다"고 하였고, 율곡도 주자의 견해를 빌어 "경敬은 성인의 문에 들어가는 가장 중요한 것이므로 철두철미해야 한다"고 강조했다(『聖學十圖』; 『學記圖』; 『聖學輯要』).

추사 또한 그런 연장선에 있는 유학자로 이해된다. 왜냐하면 그의 「성명」이 알려주듯이, 추사는 맹자의 성선을 삶의 표준으로 인식하고, 거경의 삶을 실천하려는 의지를 보여주었기 때문이다. 또한 「실사구시설」에 후서를 첨부한 민노행閔魯行의 글을 보아도 그의 성性에 대한 인식을 짐작할 수 있다.

> 하·은·주 삼대의 학문은 모두 실제적이었다. 실제란 바로 도의道義이며 덕행德行이다. 실제가 바르기 때문에 이름[명분]도 반드시 바르게 되었음에 분명하다. 그런데 그 후 맹자 세대에 와서 오히려 명분이 밝지 못한 것을 걱정하였기 때문에 맹자가 그 근본을 추구하였다. "성은 본디 선하다"라거나 "마음을 보존하고 성을 기른다"라고 한 말이 바로 그것이다(『阮堂先生全集』 卷1, 「實事求是說後敍」).[14]

조선 후기 유학에서 실제적 학문[실학實學]을 누구보다도 강조했던 추사는 삼대의 실제 학문, 즉 "도의"와 "덕행"을 염원했다. 그리고 맹자의 성선性善을 인간성의 기초로 이해했다. 그것은 다시 성리학의 거경居敬을 거쳐 추사에게 안착되었을 것으로 판단된다.

다시 말하면 추사는 원시유학의 성선性善 전통을 기초로 성리학의 거경居敬을 인간성과 삶의 실천으로 이해한 듯하다. 성선과 거경에 대한 언급이 너무나 짧아, 추사의 인간성을 온전하게 파악하는 데는 한계가 있다. 그것은 인간의 자질[才]을 언급하는 대목으로 보완할 때 보다 구체적으로 인식되리라.

인간의 자질은 새봄의 새싹처럼 움터 나온다

추사는 심心이나 성性이 아니라 "재才"라는 개념을 통해 인간의 자질을 논의한다. "재才"는 심성과는 다르게 여러 가지 의미를 지니고 있다. 인간이 천부적으로 갖추고 있는 "자질資質"을 의미하기도 하고, "재능才能"이나 "재주"를 뜻하기도 한다. 성性과 재才에 관한 분명한 구별은 정이程頤에게서 찾아볼 수 있다.

> 성性은 선하지 않음이 없다. 그러나 재才는 선하지 않음이 있다. 성은 바로 리理인데, 리는 요·순임금에서부터 보통 사람에 이르기까지 모두 같다. 재는 기氣에서 품부 받은 것으로, 기에는 맑음과 탁함이 있다. 맑은 기를 품부 받으면 현명한 사람이 되고, 탁한 기를 품부 받으면 어리석은 사람이 된다(『河南程氏遺書』 卷18).[15]

성과 재는 리와 기의 연관 체계에서 논의된다. 리와 기의 문제는 매우 심각한 논의의 과정을 거쳐야 하므로, 여기에서는 심도 있게 별도로 논의하지 않는다. 정이는 궁극적인 본원의 성[本然之性]이나 리理인 성만을 성性으로 보았다. 그리고 기질의 성[氣質之性]을 재才로 이해하였다. 이때 재才는 재材와 통하는 것으로 재질才質이나 재질材質, 기질氣質 등을 의미한다. 주의할 것은 단순한 본능을 의미하지 않는다는 점이다. 성性은 순수하게 선하지만 재才에는 지혜로움이나 어리석음의 차이가 있다(方立天, 1998: 131).

또한 주자朱子도 재才를 "재질材質"로 풀이했다. 그러기에 "사람이 성을 지니고 있으면 재질을 지니고 있다"라고 해석하였다. 이는 재才를 자질資質과 가까운 의미로 이해하고, 성性과 동일한 뜻으로 쓴 것이다. 『논어論語』에서 재才는 "재주"나 "재능"을 의미하는 것으로 드러난다. 뿐만 아니라 『역易』에서는 생성에 생성을 거듭하여 쉬지 않는 "생생불식生生不息"의 개념으로 이해되기도 한다(『孟子』「告子」上; 『論語』「子罕」; 『易』「繫辭」下).[16]

어떤 경우이건, 재才는 초목이 처음 땅에서 움터나오는 모양을 형상한 것과 연관되어 응용된다. 인간에게 적용하면, 잠재능력, 혹은 자질과 재능을 포괄하는 개념이다. 여기서는 자질이나 재능과 동일한 의미로 이해한다.

선천적 자질은 유사하나 후천적 습관[교육]이 사람을 바꾼다

그렇다면 추사는 인간의 자질을 어떻게 생각하고 있는가? 「인재설」의 첫 대목은 다음과 같은 추사의 회의懷疑가 담겨 있다.

> 하늘이 사람에게 자질을 부여할 때, 처음에는 밝고 어둡거나 귀하고 천한 차이가 없다. 그런데 그 자질은 온전하게 이루어지기도 하고 그렇지 않기도 하다. 왜 그럴까?(『阮堂先生全集』 卷1).[17]

추사는 먼저 인간의 자질에 대해, 태어날 때는 모든 인간이 평등하다고 지적한다. 그것은 "하늘이 사람에게 자질을 부여할 때, 처음에는 밝고 어둡거나 귀하고 천한 차이가 없다"는 첫 문장에서 확인할 수 있다. 이런 태도는 공자가 『논어』에서 지적한 것처럼, 유학의 기본 인식이다. 공자는 "인간의 본성은 비슷하지만 습관[교육]에 따라 달라진다"라고 하였다(『論語』 「陽貨」).[18] 여기에서 본성을 인간의 자질로 본다면, 인간의 타고난 자질은 대부분의 사람이 비슷하지만, 교육이나 학습 등 공부에 의한 습관의 차이로 말미암아 나중에 큰 차이가 생긴다는 말이다. 성性은 인간의 자연천성天性인 선천적 자질이고 습習은 교육이나 학습 등으로 형성된 후천적 자질을 의미한다. 때문에 공자에게서 선천적 자질인 성과 후천적 자질인 습은 내재적 연관성을 지니게 마련이다.

선천적 자질의 유사함에 주목한 공자는 “사람을 가르칠 때에 그 사람이 처한 상황에 따라 교육에 차이를 두지 않는다”[19]라는 교육적 신념을 표출하였다(『論語』 「衛靈公」). 교육에서 “사람에 따라 차이를 두지 않는다[類別]”는 말은 빈부나 귀천은 물론 지智·우愚나 현賢·불초不肖를 따지지 않는다는 의미이다. 다시 말하면, 교육에서 신분이나 계급 계층, 지위의 고하에 차별을 두지 않고 모든 사람들을 교육의 대상으로 삼는다는 교육 평등의 정신을 드러낸 것이다(김학주, 1988: 152).

동시에 공자는 후천적 자질인 습관에 주목함으로써 교육에 의한 인간의 변화 가능성을 열어 놓았다. 습관은 인간의 자질 변화 가운데서도 도덕·윤리의 측면에서 서로 거리가 멀어진다는 의미이다. 이때 덕성德性의 형성 과정은 모든 사람들의 선천적 자질에 기초한다. 즉 선천적 자질은 덕성 형성의 가능성을 제공하는 토대이다. 따라서 인간은 습관의 작용에 의지하여 선천적 자질을 건강하게 전개함으로써 자연 본능의 상태로부터 걸어 나오고 그것을 현실로 전환시킨다(천웨이핑, 2002: 192). 이것이 자질의 변화를 통한 공부의 효과이다.

요컨대 공자는 인간의 양식良識에 대하여 신뢰함으로써, 의욕과 열성만 가지면 각자 제 나름대로의 상달上達[인간됨]이 가능하다는 굳은 신념을 지니고 있었다(정종, 1980: 35). 유학은 공자 이래로 인간[자질]의 변화를 적극적으로 인정하고 있다. 그것은 수양修養을 통해 인간의 완성을 꾀하는 유학의 교육철학과 맞닿아 있다.

비뚤어진 인간의 기질은 바로잡을 수 있다

조선조 유학의 경우, 율곡은 기질의 교정[바로잡음, 교기질矯氣質]을 통해 인간의 건전한 변화를 유도했다. 즉 기氣의 가변성을 중시하여 인간의 기질이 변화할 수 있음을 주장했다(신창호, 2005d: 140~142).

> 일기一氣의 근원은 아주 맑고 맑으며 빈 것이다. 그러나 오직 그 양陽이 움직이고 음陰이 고요하여 때로는 상승하기도 하고 때로는 하강하기도 하면서 어지럽게 날아다니는 사이에 합하여 바탕을 이루게 되면 마침내 고르게 되지 못하는 것이다. 사물이 본래 치우치고 막힌 것은 근원적으로 변화시킬 수 있는 방법이 없으나 오직 사람은 청탁淸濁과 수박粹駁의 다름이 있다 하더라도 마음이 비고 밝아서 변화시킬 수 있다. 그러므로 맹자가 "사람마다 요순堯舜이 될 수 있다"고 했는데 어찌 허황된 말이겠는가? 기가 맑고 바탕이 순수한 사람은 앎과 행함에 힘쓰지 않고도 능하게 되어 더할 것이 없으며, 기가 맑고 바탕이 박잡한 사

> 람은 알 수는 있으나 능히 행할 수는 없는 것인데 만일 궁행에 힘써서 반드시 성실하고 독실하면 행실을 이룰 수 있고 유약한 사람이라도 강하게 될 수 있으며, 바탕이 순수하고 기가 탁한 사람은 행동할 수는 있으나 잘 알 수는 없는 것인데, 만일 묻고 배우는 데 힘써서 반드시 성실하고 반드시 정밀하게 하면 지식을 통달할 수 있으며 우매한 자라도 명석하여질 수 있다(『聖學輯要』 卷3, 「矯氣質」).[20]

기질은 바꿀 수 있다. 인간은 끊임없는 노력을 통해 누구나 올바르게 될 수 있다. 율곡은 기질의 차이에 따라 교정하는 방법으로 "극기克己[몸을 이기는 것]"와 "면강勉强[힘쓰고 노력함]"을 들었다. 기질을 바로잡는 일의 구체적인 의미는 강유剛柔한 기품으로 인한 인간의 악惡을 고쳐 선善으로 이끄는 작업이다.

> 강剛의 장점은 의롭고 곧으며, 결단 있고, 엄하고 굳세며, 줄기차고 굳은 것이요, 단점은 사납고 좁으며, 강하게 날뛰는 것이다. 유柔의 장점은 자애롭고 순하고 부드러운 것이며, 단점은 나약하고 결단이 없으며 간사하고 아첨하는 것이다(『聖學輯要』 卷3, 「矯氣質」).[21]

인간은 성격에 따라 누구나 장단점이 있게 마련이다. 크게 분

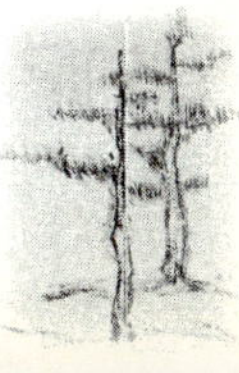

류하면, 기가 센 사람[剛]과 기가 부드러운 사람[柔]으로 나눌 수 있다. 교육은 다름 아닌, 그런 장단점을 분석하여 단점을 고쳐 가는 일이다. 교기질矯氣質에서는 개인의 단점, 치우친 바가 무엇인지 파악하는 것이 중요하다. 그리고 그것을 이기는 "극기克己"가 기질 변화의 핵심이 된다. "자기를 이긴다"는 것은 개인의 사사로운 욕심을 스스로 극복하는 작업이다. 사사로운 것에 세 가지가 있다. 첫째는 성질의 편벽된 것, 둘째는 감각기관[이목구비耳目口鼻]의 욕망, 셋째는 남과 나 사이에 시기하고 이기려는 사욕이다(『聖學輯要』 卷3, 「矯氣質」).[22]

인간은 욕망하는 동물이다. 개성과 감각적 욕망, 사회적 관계에서 볼 때, 사사로운 욕심을 모조리 이겨낸다는 것은 불가능하다. 중요한 것은 사사로운 욕심이 조금이라도 있는 것을 몸소 깨달아 그것을 조절하는 일이다. 이는 욕망의 조절을 통해 자신을 성찰하고 파악하여 자신의 삶을 개선시키는 작업에 다름 아니다.

현대 한국 교육학계에 큰 영향을 미친 정범모(1994)의 경우에도 인간의 "변화"에 주목하였다. 그는 "교육은 인간에 관심을 두되, 그를 어떤 방향으로 기르고 고치고 바꾸는 데 관심이 있다. 그렇다면 교육은 인간을 어떤 방향으로 기르고 고치고 바꿀 수 있다는 것을 전제해야 한다"고 주장하며, 인간의 변화에 초점을 맞추고 있다. 물론 이는 교육심리학에 토대한 변화를 말하고 있어, 유학의 인간 자질의 변화와 차원을 달리 할 수 있다. 하지만 변화 자체를 긍정적으로 보는 점에서 의미가 상통한다.

자질은 타락한다. 그러나 구원도 가능하다

추사의 경우, 이런 부분에서 공자 이래 정통 유학과 동일한 맥락에 있다. 사람의 자질이 평등하다고 인식하고, 자질을 기름으로써 인간이 변화할 수 있다는 사실을 인정한다. 자질과 인간의 변화 가능성에 대해 추사는 「인재설」에서 다음과 같이 인식했다.

> 사람은 어릴 때에 총명한 지혜를 지니고 있어 글 읽은 내용을 잘 기억하게 된다. 그러나 부모나 선생들이 과거시험 문제집을 전하여 주입시키고, 옛사람들이 여러 방면에서 탐구하여 기록한 심오한 내용의 글들을 보지 못하게 하여, 지혜를 흐리게 한다. 이렇게 잘못된 방향으로 한번 물들면, 다시는 총명한 지혜로 생생한 기록을 읽을 수 없게 된다. 어쩌다가 요행히 관학에 들어가 유생이 되더라도, 글이 막히어 제대로 통달하지 못한 상태에서 어정거리게 되고, 시험 보는 장소나 들락거리게 된다. 이런 짓을 오래하다 보면, 기색이 희미하게 떨어질 지경이니, 어느 겨를에 편지 나부랭이 이외의 것을 의논할 수 있겠는가?(『阮堂先生全集』 卷1)[23]

추사는 인간이 타락하는 모습을 직시하면서 자질 함양에 대해 고민하며 비판한다. 태어나서 어린 시절, 대부분의 인간은 똑똑하다. 재능이 반짝반짝 빛난다. 유치원에서 초등학교에 다닐 무렵, 아이들은 언어 및 표현, 감성적 능력과 신체적 발달이 급격하게 이루어진다.

한창 재롱을 떨며 지적 호기심을 느끼기에, 얼핏 보기에 현명하지 않은 아이가 없다. 모두가 제각각의 달란트를 지닌 영재와 같고, 천재성을 발휘하는 듯하다. 이런 아이들의 모습에 부모들도 착각의 늪으로 빠져든다. 부모들의 욕심은 천재성을 지닌 듯한 아이들을 알묘조장揠苗助長하는 형식으로 드러난다. 그것의 구체적 형태가 지식을 무차별적으로 집어넣는 학원이나 과외이다. 그런 현실 속에서 아이들은 지적 충만이 아니라, 자신의 능력으로 감당하기 힘든 과포화 상태의 스트레스 속에서 자신의 재능을 잃어간다. 그리고 아이들의 재능은 이내 현실적인 제도와 어른들의 욕심 앞에서 여지없이 무너진다.

서구 교육철학에서 한 획을 그었던 루소Rousseau의 경우에도 이와 유사한 양식을 엿볼 수 있다. 유명한 교육소설 『에밀*Emile*』의 첫 장에서 루소는 "신은 모든 것을 선善하게 창조했다. 그런데 인간은 이것을 망쳐서 악惡으로 만들었다. 인간은 한 땅에서 다른 곡식을 거두려 들고, 한 나무에서 다른 과일을 따려고 든다. 인간은 때와 곳과 자연적 조건을 혼돈하고 흩어 버린다"라고 시작하면서 인간의 모습을 그려냈다. 이는 추사가 인식한, "어릴 때 인간은 지혜로웠으나 과거시험 같은 악으로 물들면서 망치게 되었다"라는 맥락과 통한다.

인간의 자질을 향상시키기 위해서는 심오한 진리가 담긴 성현들의 도를 본받고 예지력叡智力을 높여 가야 한다. 그런데 사람들은 눈앞의 이익이나 현실적 출세를 위한 규격적인 과거시험 답안을 공부하여 스스로 자질을 떨어뜨리고 있다. 뿐만 아니라 글을 제대로 익히지 못했음에도 불구하고 열심히 공부하지 않고 그 상태로 머뭇거리며, 과거 시험장이나 기웃거려서는 세련된 자질을 확보할 수 없다. 이런 그의 태도는 보론에서 다룰 스승 박제가의 과거시험 비판과 거의 유사하다.

추사는 공부의 핵심을 "옛 사람들이 여러 방면에서 탐구하여 기록한 심오한 내용의 글"에서 찾았다. 이때 심오한 내용의 글은 무엇일까? 구체적으로 지시하지는 않았지만, 성현들의 도를 담은 학문, 바로 유학의 실제로 판단된다. 그렇다면 추사는 정통 유학자로서 유학의 본령을 공부의 주요축으로 삼고 있음에 분명하다. 그렇기에 과거 시험 문제집과 같은 단편적·수단적인 공부에 대해서는 매우 비판적이었다. 대신 학생[유생儒生]으로서 학문적 기초를 다지는데 심혈을 기울일 것을 권장하며, 공부의 본질에 어긋나는 행위를 삼갈 수 있기를 소망하였다.

교육 환경은 인간 자질을 기르는 기초이다

추사에게서 심오한 성현의 길을 이해하고 실천하는 공부는 그의 학문론에서 핵심적 지위를 확보하고 있다. 아울러 추사는 교육적으로 매우 중요한 화두를 던진다. 환경에 의해 자질이 어떻게 변할 수 있는지, 실제적 사례를 제시한다.

> 사람이 비록 자질이 있다고 하나, 그가 생활하는 곳을 살펴보아야 그것을 제대로 알 수 있다. 외진 곳의 적막한 바닷가에서 생활한다면, 산과 강, 사람과 물건, 집짓고 살며 사람들이 내왕하는 일, 크게 알려지며 높고 씩씩한 삶, 그윽하고 기괴한 것과 협기를 부리는 일 등, 삶의 여러 측면을 보지 못했을 것이다. 그러므로 정신을 갈고 다듬거나 씻어낼 것이 없게 되고, 가슴과 배속도 가득 차 남을 것이 없게 된다. 귀와 눈이 제대로 경험하지 못했다면, 손과 발은 반드시 쓸 수 없는 장애에 부딪칠 것이다(『阮堂先生全集』 卷1).[24]

자질이 훌륭하다고 하여도 다양한 경험과 유연한 사고를 할 수 없다면, 그것을 발휘하기 어렵다. 인간의 삶과 교육에서 환경의 중요성은 "맹모삼천지교孟母三遷之敎"에서도 보여주듯이, 필연적이며 유기적 연관을 지닌다. 즉 환경의 차이 여하에 따라 인간의 성장이 달라진다.

그것은 유학에서 오랜 전통을 지니고 있다. 태교胎敎에서 성인교육成人敎育에 이르기까지 자연은 물론 인문·사회적 환경은 교육에 절대적 영향을 미친다. 서구 교육에서도 환경은 매우 중시된다. 특히 좋은 환경은 신체적·정신적 가능성을 최대한 발휘할 수 있도록 도와준다. 따라서 이상 없이 정상적으로 자랄 수 있는 환경 마련은 최상의 교육적 배려이다(신창호, 2004c: 47).

환경은 사람이 태어나서 생활하는 시·공간이다. 따라서 인간 삶의 양식에 고스란히 투영된다. 추사는 외지고 적막한 바닷가와 같은 환경을 자질의 향상 측면에서는 부정적으로 인식한다. 어떤 측면에서는, 외지고 적막한 곳이 공부하기에 더없이 좋은 환경일 수 있다. 현대 사회처럼 스트레스에 시달리고 비인간화로 치닫는 상황에서는, 오히려 인간이 득실대는 사회를 피해 고요한 곳을 찾아 공부하기 좋은 환경을 마련하기도 한다.

그러나 추사의 견해는 그런 의미가 아니다. 인간 본연의 존재에 충실한, 사회적 존재로서의 인간을 가정하고 있다. 인간은 사회 속에서 자기의 역할과 기능을 다하며 타자와의 관계 속에서 살아간다. 문제는 앞에서 언급한 곳과 같은, 인간이 서로 어울릴 수 없는 지역이다. 그곳에서는 인생의 희노애락喜怒哀樂을 맛볼 수 없다. 때문에, 인간의 자질을 연마해가는 데 한계가 있다. 보고 듣는 것이 일정하기 때문에 편협한 심성을 형성하기 쉽고, 독선과 아집에 빠질 위험도 있다.

추사는 다양한 인간 군상들의 삶 속에서 자신의 자질을 끌어올리며 지혜롭게 살아갈 것을 갈구한 듯하다. 따라서 편협한 시각으로 무엇엔가 얽매인 인간을 경계한다. 이는 개인의 인격적 성숙은 물론 일상생활에서 타인과 어울려 살아가면서 지혜를 추구하는 유학 본래의 모습이다. 공자가 자기 충실과 타자 배려라는 충서忠恕의 길을 통해, 화이부동和而不同의 건전한 인격자를 추구한 것과 흡사하다. 요컨대, 인격 도야를 통한 "개인교육"과 타자와의 건전한 관계를 꿈꾸는 "공동체 교육"의 조화이다.

자질 향상 공부는 문화 창조에 기여한다

이처럼 자질의 온전한 성취와 실패에 대한 추사의 생각은 크게 두 가지 차원에서 논의되었다. 하나는 인간의 자질을 향상시키는 진정한 공부와 연관되고, 다른 하나는 환경이 자질에 미치는 영향과 관련된다.

> 그렇다고 하더라도 인간은 늘 현실에 얽매여, 자신이 지닌 자질을 한꺼번에 소모하기 쉽다. 참으로 슬프고 가슴 아픈 일이다. 하지만 삶의 과정에 이와 같은 일은 종종 발생한다. 사람마다 나름대로의 문화적 수준이 있겠지만, 귀로는 많이 듣지 못하고 눈으로는 많이 보지 못하여 촌스럽고 편협한 지식을 내놓는다(『阮堂先生全集』 卷1).[25]

이렇게 인간의 자질 타락과 자질 향상에 관한 조건과 전제를 제시한 후, 추사는 문文의 묘미를 자기 자신의 노력을 통해 저절로 당도할 수 있을 것으로 확신하였다.

> 문의 묘미는 남이 하는 대로 따라 하거나 유사하게 만드는 데 있는 것이 아니다. 그것은 자연의 신령한 기운이 황홀하게 몰려와서, 생각하지도 않았는데 이르는 데 있다. 그러기에 괴상하고 기묘하여 어떠한 이름을 붙일 수도 없다(『阮堂先生全集』 卷1).[26]

추사는 문文에 대해 "남을 따라하거나 유사하게 모방하지 않고, 자기의 주체적인 힘으로 이루어 가는 작업"임을 강조하였다. 이때 문文은 단순한 글이 아니다. 그것은 공자가 말한 문질빈빈文質彬彬의 문, 거시적으로 보면, 인간이 만들어 낸 문화나 문명을 의미한다. 왜냐하면, 인간이 자질 향상을 통해 인간에게 기여하는 일은 문화적 행위를 통한 사회의 건강함을 유지하는 것이기 때문이다.

문文은 유학의 전통적인 자기수양을 통해 도달하는 문화 예술의 차원과 맥락을 같이 한다. 문은 말 그대로 "무늬"이고 그것은 본 바탕을 전제로 한 인간의 "세련미"를 보여준다. 이는 문기文氣로 설명할 수 있다. 수양의 격이 한층 높은 지성인에게서 우러나는 향기! 이 문의 품위는 부단한 책읽기와 치열한 자기 성찰을 통해 길러진다(김태오, 2003; 양진건, 1992). 문기가 향기香氣를 내뿜을 때, 성숙한 인격은 겸손으로 자신을 거두고, 인간됨의 전형을 드러낸다. 그것은 공부의 수준이요, 교육의 목적이기도 하다.

추사의 「인재설」, 다시 말하면 "인간의 자질에 관한 논의"는 옛사람[古人; 聖賢]들의 경전을 공부의 중심에 두고, 위기지학爲己之學을 통해 자질을 함양하라는 메시지로 들린다. 이 과정에서 인간 세상과 유리된 환경은 자질을 향상시키는 데 위험할 수 있으므로, 조심하라는 의미로 다가온다.

제3장

추사, 인간의 교육을
천리 길 가는 과정에 비유하다

하나 하나 신발 자국 어제 지난 나머진 데
덥수룩이 그새 자라 섬돌을 입혔구나
기봉이 봄바람을 일렁이어
붉은색 발라 놓고 또 푸른색 점을 찍누나

추사의 「정초庭草」에서

유학에서 교육은 "일상의 건실함"을 기본 목적으로 한다

유학에서 교육[학문]은 "인간은 금수禽獸와 다르다"는 인식 하에 "인간됨"을 지향하는 수련의 과정이다. 그것은 인륜을 밝히는 도덕적 측면을 강조하고, 인간관계의 질서를 회복하며, 일상생활을 지속적으로 영위하는 삶의 철학으로 드러난다. 그렇다면 유학은 어떤 목적을 가지고 교육에 임하였는가?

교육의 목적, 다시 말하면 학문의 목적에 접근하기 위해서는, 인간이 어떤 고민을 가지고 삶을 전개하느냐의 문제를 짚어보아야 한다. 특히 유학의 교육 목적에 대한 논의는, 유학의 개창자인 공자가 지향했던 삶의 과정을 살펴볼 필요가 있다. 주지하다시피, 공자는 15세에 인생의 지향을 "학學(배움)"에 두었다. 즉 교육에 뜻을 두고 삶을 전개하려는 의도를 보였다.

> 나는 열다섯에 학문에 뜻을 두었고, 서른에 자립하였고, 마흔에 어떤 일에도 미혹되지 않았고, 쉰에 천명을 알았고, 예순에 귀로 들으면 무슨 말이든 그대로 알아들었고, 일흔에는 마음 내키는 대로 행동을 해도 법도를 넘지 않았다(『論語』「爲政」).27)

이처럼 공자는 생의 내면적 가치를 추구했다. 사회적이거나 직업적인 외재적 가치로서의 목적이 아니라, 일관된 인간의 길을 성장의 과정에 따라 교육 목적으로 제시하고 있다. 주자의 해석을 빌리면, 옛날에는 15세에 태학太學에 들어갔는데 공자도 태학의 도에 마음을 두었고, 모든 생각을 이에 집중하여 공부하기를 싫어하지 않았다고 한다(『論語』「爲政」註).[28] 물론 굶주리고 목마른 사람에게 음식은 그야말로 걱정거리이지만, 그것으로 인해 뜻[삶의 목적]이 서는 것은 아니다.

이런 차원에서 볼 때, 배움의 문제, 즉 교육은 인간 삶의 가장 궁극적인 관심사로 인식된다. 배움의 길은 다른 어떤 가치보다 우선시 된다. 유학의 보편적인 교육 목적은 여기에서 기원한다. 그 가치의 핵심은 바로 도道, "인간의 길"이다. 인간의 길을 실현하려는 교육 목적은 다음과 같이 표현된다.

> 도道에 뜻을 두며,
> 덕德에 근거하며,
> 인仁에 의지하며,
> 예藝에 노닐어야 한다(『論語』「述而」).[29]

공자에게서 교육의 목적은 인간의 길이 무엇인지, 도에 뜻을 두고 그것을 추구하는 데 있었다. 도란 무엇인가? 그리고 그것은 왜 덕德을 근거로, 인仁에 의지하여 예藝에서 유유자적해야 하는가? 이는 우주의 진리와 인생의 지혜를 추구하는 의도 속에서 이해된다. 주자는 도-덕-인-예의 유기적 연관에 대해 다음과 같이 정의했다.

> 도는 사람이 날마다 실천해야 할 당연한 것이다. …… 덕은 도를 행하여 마음에 체득함이 있는 것이다. …… 인은 사사로운 욕심이 다 없어져 마음의 덕이 온전하게 된 것이다. …… 예는 예악의 문화와 활쏘기·말부리기·글하기·셈하기의 법도이다. 이 모두는 지극한 이치가 있어서 날마다 빼놓을 수 없는 것이다(『論語』「爲政」註).[30]

사람이 일상생활에서 실천해야 할 당연한 도는 어떤 것인가? 예컨대, 부모에게는 효孝, 형제 간에는 제弟, 임금에게는 충忠, 친구 간에는 신信을 반드시 살펴야 한다(『論語』「述而」註).[31] 효와 충은 상하 수직 질서를, 제와 신은 전후좌우의 수평 질서를 보여 준다. 이런 인간관계와 삶의 도덕적 도모가 모두 도이다. 도의 핵심인 효제충신孝悌忠信은 하늘이 인간에게 부여해준 질서 체계이다. 인간이 마음대로 수정할 수 없는 불변의 "상도常道"이다. 유학의 도道는 크게 변하지 않는 기준인 "상도" 혹은 "경도經道"와 상황에 따라 변통할 수 있는 "권도權道"로 운영된다. 상도는 늘 변하지 않는 보편적이고 일반적인 이법의 체계이고, 권도는 마치 저울질하

듯 상황과 조건에 따라 실천하는 도리이다. 이 둘은 언뜻 보기엔 상충하는 것 같으나, 실제로는 하나의 도로 꿰뚫린다. 왜냐하면 상황 논리에 가장 적절할 때 권도는 상도로 환원될 수 있기 때문이다. 이러한 인간의 길, 도는 우주적 진실인 동시에 인생의 원리이다.

둘째, 덕은 도의 실천으로 마음[몸]에 밴 것이다. 때문에 일상생활에서 개별적인 언행으로 표출된다. 즉 우주와 인생의 원리 원칙이 실제생활에서 응용되어 구체적 언사와 행동으로 표출되고 도에 합치되는 것이다. 예컨대, 부모를 섬김에는 반드시 효도하여 불효에 이르지 않아야 한다. 만약 오늘은 효도하고 내일은 효도하지 않는다면, 이는 몸에 체득된 것이 아니다. 따라서 덕이라 할 수 없는 것이다(『論語』「述而」 註).[32] 이처럼 덕은 우주와 인생의 질서를 일상에서 실천하는 일이다. 그것은 달리 말하면 선善의 표출이고 건전한 사회의 바탕이다.

셋째, 인은 개인적 욕심의 제거에서 시작하여 일상행위를 온전하게 하는 일이다. 공부가 이 정도에 이르면 밥 먹는 사이라도 존심양성存心養性(마음을 보존하고 본성을 기르는 일)이 원숙해져서 무슨 일을 해도 천리天理를 어기는 일이 없게 된다(『論語』「述而」 註).[33] 그런데 『논어』에서 인仁은 너무나 다양하게 표현된다. 그 중 대표적인 표현이 "사람을 사랑하는 일" "자신에게 진실하며 그 마음을 미루어서 타인을 헤아리는 일" "나를 이기고 예로 돌아가는 일" 등이다(『論語』「顔淵」; 「里仁」; 「顔淵」).34) 일상생활에서 예를 들면, 거처할 때에 얼굴 모습을 공손히 하고, 일을 맡아 할 때에는 정성껏 하며, 남과 더불어 있을 때는 충실하게 하는 것이다. 또 어진 사람은 어려운 일을 먼저 하고 이익을 나중에 취한다. 뿐만 아니라, 자기가 서려고 하는 곳에 남을 세워주며 자기가 통달하려고 하는 곳에 남을 통달하게 한다. 이러한 사유는 일상에서 다섯 가지의 조목으로 표출된다. 즉 공손함, 너그러움, 믿음, 민첩함, 은혜가 그것이다(『論語』「子路」; 「雍也」; 「陽貨」).35)

이처럼 인에 대한 의미는 개인적인 욕망의 조절, 다시 말하면, 자기 수양을 통한 사랑과 이해, 타자에 대한 배려配慮의 정신으로 연결되고 있다. 외국 교육학계에서도 배려는 매우 큰 관심거리이다. 미국 교육철학계에서 나딩스Noddings(1995)의 경우, 보살핌caring을 베풀 수 있는 활동에의 참여, 협동학습, 대화 등을 통해 배려의 정신 함양을 역설한다. 이는 "내재화된 천성으로서 인간이 인간답게 존재할 수 있는 근거이면서, 덕의 총명으로 인격의 지극한 성취 상태를 가리킨다(李明基, 1987: 38)." 이러한 인에 의지한다는 것은 학문의 방향과 이상을 정립하는 일이다. 바로 공자에게서 배움의 존재 이유, 교육의 목적과 통한다. 이를 완전하게 구현한 인간이 성인이며, 노력을 통하여 추구하는 인물이 군자이다.

마지막으로 예는 예악사어서수禮樂射御書數라는 인간에게서 전반적인 배움의 법과 이치를 말한다. 이른바 교육 예술이다. 예에서 노닌다는 것은 육예를 사물에 따라 실정에 알맞게 실천하는 일이다. 즉 일상에서 일어나는 모든 사건에 대해 인간이 그에 알맞게 바람직한 방법으로 대응하는 삶의 "테크네"이다. 다시 말하면, 도와 덕과 인을 심득한 생활 자체를 즐기는 것이다(『論語』「述而」 註).[36] 때문에 유학의 집대성자인 공자는 일상의 합리적 운용, 혹은 삶의 건실함 자체를 교육의 궁극 목적으로 삼았다.

교육은 "언제-어디서-어떻게-무엇을-왜" 하는가에 관한 첫 발의 내디딤과 안착지의 확인이다

성선을 옹호하고 성현의 도를 학문하는 실제의 모범으로 보았던 추사는, 인간의 자질과 변화의 가능성을 바탕으로 교육의 길을 좀더 명확하게 제시한다. 천리나 되는 먼 길을 가기 위해 인간은 어떤 조치를 취해야 하는가? 천리 길이 인생이고, 인간의 학문이라면 교육의 과정은 어떠해야 온전할까?

추사의 학문적 고뇌는 "경로徑路의 소재所在" 즉 인간이 어디를 가야 하는지, 무엇을 지향하는가의 분변이 최우선이었다. 달리 말하면, 교육적 지향, 목표의식의 명확화이다. 추사는 「적천리설」에서 이렇게 말하였다.

> 지금 천리 길을 가는 사람은, 반드시 먼저 어디로 가야 하는지 분명히 한 다음에야 발을 들어 걸어갈 수 있다
> (『阮堂先生全集』 卷1).[37]

유학은 대개 입지立志를 배움의 첫 단계에 두고 있다. 추사가 언급한 "어디로 가야 하는지"는 바로 입지와 상통한다. 주자는 공자 이래로 학문의 핵심인 도-덕-인-예의 과정에서 입지의 중요성을 다음과 같이 설명했다.

> 교육[학문]은 입지立志보다 앞서는 것이 없다. 도에 뜻을 두면, 마음이 올바르게 보존되어 나쁜 곳으로 흘러가지 않는다. 덕에 의거하면 도가 마음에 체득되어서 실수가 없다. 인에 의지하면 덕성이 항상 사용되어서 물욕이 생기지 않는다. 예에 노닐면 작은 일도 버리지 않아 움직이거나 쉬는 사이에 마음이 수양된다. 그러므로 교육[학문]하는 사람이 여기에서 선후와 경중의 차례를 잃지 않으면, 처음과 끝이 모두 알맞고 안과 밖이 모두 똑같이 되어, 날마다 생활하는 사이에 조금이라도 틈이 생기지 아니한다. 또한 여기에 흠씬 젖게 되어 성인의 경지에 저절로 들어가게 될 것이다(『論語』 「述而」 註).[38]

율곡의 경우에도 입지를 어떤 것보다 우선에 두었다. 교육학개론에 해당하는 『격몽요결擊蒙要訣』에서 「입지立志」장을 맨 앞에 두었고 교육학총론에 해당하는 『성학집요聖學輯要』에서도 수기修己의 첫 번째 과정에 "입지"를 두었다. 이때 교육의 핵심인 배움[학學]은 부모는 자식을 사랑하고, 자식은 부모에게 효도하고, 신하는 임금에게 충성하고, 부부 간에는 분별이 있어 자기 역할을 다하고, 형제 간에는 우애가 있어야 하고, 젊은 사람은 어른에게 공손히 하고, 친구 사이에는 믿음이 있어야 하는 등 일상의 윤리 실천에 집중되어 있다. 즉 일상생활에서 예의에 맞게 실천하는 일이 핵심일 뿐, 쓸데없이 마음을 허무맹랑한 곳에 두어 특별한 효과를 기대하는 작업은 아니다. 교육, 혹은 공부, 학문은 다른 것이 아니다. 일상생활에서 상식의 세계에서 건전한 삶을 도모하는 일일 뿐이다(『擊蒙要訣』 序)[39] 이어서 나오는 율곡의 언급은 의미심장하다.

> 처음 배우는 사람은 먼저 뜻을 세우고, 반드시 성인이 될 것을 스스로 기약하여, 털끝만치라도 자신을 하찮게 여기고 핑계대려는 생각을 하지 말아야 한다. 보통 사람과 성인의 본성은 같다. 비록 기질은 맑고 흐림과 순수하고 잡됨의 차이가 없지 않으나, 진실로 알고 실천하여 옛날에 물든 나쁜 습관을 버리고 그 본성의 처음을 회복하면 털끝만큼도 보태지 않더라도 온갖 선이 갖추어져 넉넉할 것이니, 보통 사람들이 어찌 성인으로써

스스로 기약할 수 없겠는가! 그러므로 맹자는 인성의 선함을 말씀하되 반드시 요임금과 순임금을 일컬어 실증하며 말하였다. "사람은 모두 요임금과 순임금처럼 될 수 있다." 이 언급이 어찌 우리를 속이는 말씀이겠는가?(『擊蒙要訣』「立志」)40)

이는 추사가 맹자의 성선과 학문하는 성인의 실제 모범으로 요순을 들고 있다는 점에서 동일한 맥락이다. 교육하는 목적이 무엇인지, 어디를 향해 나아가는지 분명한 방향과 안착 지점을 먼저 인식하는 일, 그것은 교육의 시작이다. 추사는 바로 원시유학에서 주자 성리학에 이르기까지 보편적으로 지향하고 있는 교육의 길, 성인의 도를 소망하고 있다.

스승[교사]은 길을 알고 안내하는 사람이다

교육[학문]의 목적이 확인되었다면, 인간은 그 길을 가야 한다. 추사는 그 길을 제대로 가기 위한 방법론으로, 먼저 스승[교사]의 중요성을 강조한다. 교육에서 스승이 차지하는 비중은 매우 크다. "교육의 질은 교사의 질을 능가하지 못한다"는 말이 있듯이, 스승의 존재는 절대적이라 해도 과언이 아니다. 스승의 역할이 소극적이건 적극적이건, 그 존재는 근본적으로 교육의 질을 좌우한다.

추사는 「적천리설」에서 스승의 존재를 다음과 같이 인식하였다.

> 천리 길을 가는 사람이 막상 문을 나섰을 때는 갈팡질팡하며 도대체 어디로 가야 할지 막막하다. 따라서 반드시 길을 아는 사람에게 물어야 한다. 그때 마침 바르고 큰 길을 알려 주고, 또 굽은 길로 가서는 안 된다는 것을 자세히 가르쳐 주는 사람을 만났을 경우, 그 사람은 다음과 같이 정성스럽게 일러 줄 것이다. "굽은 길로 가면 반드시 가시밭으로 들어가게 되고, 바른 길로 가면 반드시 목적지에 도달할 것이다"라고. 이 사람이 일러 준 가르침이야말로 성심을 다한 것이라고 할 수 있다(『阮堂先生全集』 卷1).[41]

스승은 먼저 깨달은 사람이다. 먼저 깨친 사람은 뒤에 깨칠 사람을 깨우쳐 주어야 한다. 이때 어리석은 사람이 밝음을 찾아야 스승의 도가 확립된다(『通書』 「師」).[42] 스승은 교육[학문]의 목적은 물론 그 내용과 방법까지도 체득하고 있어야 한다.

이러한 스승은 추사가 말한 "아는 사람"이요 자세히 "가르쳐 주는 사람"이다. 그러기에 천리 길을 갈 때, 길을 자세하고도 정성스럽게 일러주는 사람으로 묘사되고, 굽은 길[잘못된 길]로 들어서지 않고 바른 길로 인도하는 안내자가 된다.

추사가 스승을 중시한 까닭은 그의 교육 방법론이나 태도와 관

련되어 있다. 추사는 「실사구시설」에서 스승의 역할을 간략히 언급한 적이 있다.

> 한대의 유학자들은 경전을 전수하거나 훈고할 때에, 모두 스승으로부터 이어 받는 것이 있어서 그 짜임새가 지극히 정밀하고 확실하였다. 성·도·인·의와 같은 사안에 대해서는 당시 사람들이 모두 잘 알고 있어서 깊이 논할 것이 없었다. 때문에 대부분이 심각하게 문제를 제기하여 밝히려고 하지 않았다. 그러나 어쩌다가 주석을 할 경우에는 실제적인 일에서 올바름을 구하지 않은 것이 없었다(『阮堂先生全集』 卷1).[43]

추사는 훈고학訓詁學을 정밀하고 확실한 학문의 방법으로 인식하였다. 특히 스승으로부터 전수받은 사실적 진리와 주석의 문제를 실제적인 일에서 올바름을 구하는 실사구시의 학문으로 보았다. 이때 실사구시의 의미는 삶의 실제적 행위인 사실을 근거로 경전을 해석하는 작업이다. 스승은 바로 정확한 사실의 실상을 전수하는 안내자이다. 이는 전통 유학의 스승론과 맞닿아 있다고 판단된다.

추사는 다산 정약용과의 편지에서도 사승師承과 가법家法의 중요성을 밝히고 있다.

> 정주鄭註에 의심나는 곳은 매우 많지만 그것은 사설師說이요 가법家法이니 지금 사람들의 견문에 합당하지 않은 점이 있을지라도 …… 의심을 가진다면 안 되는 것입니다. 후세 사람들이 정을 반박하는 까닭은 자기의 한 가지 반 토막에 지나지 않는 인식과 견해를 가지고 어쩌다 새롭고 기특한 기뻐할만한 곳을 발견하게 되면 의연히 떨치고 일어나 공격하여 있는 힘을 남기지 않곤 하였으나, 돌이켜 생각하면 자기가 공격한 것은 특별히 사설도 아니고 가법도 아닌 것입니다(『阮堂先生全集』 卷4, 「與丁茶山若鏞」).

이는 사설과 가법을 존중하여야 하며, 사사로이 자기의 말로써 사설과 가법이 있는 견해를 무시할 수 없다는 것이다. 다시 말하면 추사가 스승의 역할을 중요시하면서 유학의 축적된 전통을 존중하고 있다는 근거이다(이선경, 1991: 33~35).

스승은 삶의 여정을 인도하는 카운슬러이다

유학의 초기 맹주인 공자와 맹자는 스승의 역할에 대해 적시摘示하지는 않았지만, 대개 도를 전하거나 덕을 깨우쳐주고, 인간을 계발해주는 존재로 묘사하였다. 그러나 순자는 스승의 자격과 정의를 명확하게 제시했다.

> 스승의 자격에는 네 가지가 있다. 많은 지식을 가르치는 것은 거기에 들지 않는다. 첫째, 존엄하여 공경을 받으면 스승이 될 수 있다. 둘째, 50, 60대 어른으로서 믿음이 있으면 스승이 될 수 있다. 셋째, 옛날 경전을 암송하여 강의하되 그 뜻을 능멸하거나 제멋대로 본뜻을 해치지 아니하면 스승이 될 수 있다. 넷째, 숨겨진 의미를 알아서 그 핵심을 논의할 수 있다면 스승이 될 수 있다(『荀子』「致仕」).44)

유학에서 스승의 자질은 "타인에게서 공경 받는 사람, 믿음이 있는 사람, 경전을 충실히 이해하고 본지를 강의할 줄 아는 사람, 숨겨진 의미 맥락을 명확히 밝혀주는 사람"으로 요약된다. 중요한 것은 "많은 지식 내용을 일러주는 사람"은 스승의 자격에서 제외되고 있다는 점이다. 스승은 지식 전달자가 아니다. 스승은 인간 삶의 기본적인 예의를 전수하는 선각자이다.

추사의 경우에도 단순한 지식 전달의 문제는 배격한다. 「인재설」에서도 지적했듯이, 과거시험을 위한 지식을 속성으로 습득할 경우, 학문이 트이지 못한다(김혜숙, 2004: 66). 스승은 이런 지식 공부 활동에 도움을 주는 사람이 아니다. 현대적인 의미에서 대학입시를 비롯한 각종 시험에 대비하여 지식만을 가르치는 학원의 강사는 진정한 스승이 아니다. "스승[교사]"이라는 명칭을 담보하기 위한 기본적인 조건은, 인간의 삶을 건실하게 할 수 있는 경험적·

도덕적 지식은 물론 그 실천 지침을 주는 성숙한 인격자이다.

한유韓愈는 「사설師說」에서 이러한 스승의 의미를 더 확고하게 밝혀 주었다.

> 옛날에 배우는 사람들은 반드시 스승이 있었다. 스승이란 인간의 도리를 전하고, 학업과 생업에 종사하는 법을 가르쳐주며, 의심나는 문제를 풀어주는 사람이다. 태어나면서부터 모든 것을 아는 사람이 있겠는가? 인간은 그렇지 못하니 누가 의혹이 없겠는가! 의혹이 있으면서도 스승을 따라 배우지 않는다면, 그 의혹은 끝내 풀리지 않을 것이다. 나보다 나이가 많고 나보다 먼저 도를 들었다면, 나는 그를 스승으로 삼을 것이다. 또한 나보다 나이가 적더라도 나보다 먼저 도를 들었다면 나는 그를 스승으로 삼을 것이다. 오직 도를 스승으로 삼을 뿐, 나이가 많고 적음이 무슨 그리 중요한가. 이렇기 때문에 신분의 귀천도 없고, 나이의 많고 적음도 없다. 도가 있는 곳은 스승이 있는 곳이다(韓愈, 「師說」).[45]

한유의 사고에서 볼 때, 스승의 가장 중요한 임무는 일상의 인간 도리를 전하는 일이었다. 즉 인간이 어떻게 살아야 하는 지에 대한 삶의 내용에 관한 것이다. 다음으로 인간이 해야 할 일, 생업과 학업 등 일상사에 대한 올바른 관점을 주는 일이다. 다시 말하면, 인간이 무엇을 하고 살아야 하는 문제와 관련된다. 이는 삶의 방법에 관한 것이다. 그리고 세 번째가 일상에서 무엇을 하며 어떻게 살아야 할지에 대한 전체적 생활에서 의심나는 문제들을 풀어 가는 데 도움을 주는 일이다. 예컨대, 합리적 삶을 살아가기 위한 문제해결의 방식을 제공하는 것이다.

다음으로 스승의 필요성에 대한 역설이다. 인간은 누구나 부족하다. 늘 천지와 인간에 대한 의혹으로 가득 차 있다. 이 의혹들을 어떻게 풀어갈 것인가? 그것은 스승에 의지할 수밖에 없다. 그런데 더욱 눈여겨 볼 대목은 단순히 나이가 많다고 스승이 되는 것은 아니라는 점이다. 스승 자격의 중심은 도道의 체현이다. 즉 삶 자체의 일용인륜日用人倫과 일상의 도를 어떻게 구현하느냐에 스승의 자격과 교육의 무게 중심이 실려 있다. 나이와 신분에 관계없이 중심은 도이다. 그러기에 도가 있는 곳이 바로 스승이 있는 곳이라고 보았던 것이다.

추사가 제시한 "천리를 가는 일"은 교육의 과정인 동시에 인간 삶의 궤적 전체를 의미하는 것으로 보인다. 그것은 학문의 과정이고, 삶의 여정이다. 그 길을 올바로 가기 위해 인간은 스승을 필요로 한다. 스승은 학문의 길, 인생의 길을 먼저 갔던 사람이다. 따라서 그 길에 대한 사정을 속속들이 알고 있다. 그러므로 그런 사람들의 안내를 받지 않고는 도무지 막막하여 발을 내디딜 수 없다. 그것이 바로 배움의 첫걸음이다(김혜숙, 2004: 65).

추사가 생각하는 스승, 길의 안내자는 지식을 주목적으로 전수하는 전문가가 아니다. 인간 전체 삶의 문제를 고민한 카운슬러이자, 전인적 교사이다. 천리 길을 가는 데 인도자가 되듯이, 늘 삶의 실천을 인도하는 깨달은 존재로서 고상한 품격과 덕성을 몸에 체득하고 있다고 이해된다.

배우고 묻는 행위인 "학문學問"은 교육의 핵심이다

교육[학문]의 길을 안내하는 스승의 중요성과 더불어 추사는, 의문 나는 일에 대해 끊임없이 물을 것을 강조한다. 그것은 박학博學과 동시에 제기되는 심문審問의 과정과도 같다. 박학·심문은 유학을 가장 조직적으로 천명하고 있는 『중용』의 교육 정신에서 체계적으로 드러난다(『中庸』 20章).[46] 유학의 창시자인 공자도 그런 태도를 단호히 보여 주었다. 공자는 "진정으로 열의를 갖고 있지 않거나 노력하지 않고, 사물을 캐물어 들어가지 않는 자에게는 일러주지 않았다"고 한다(『論語』 「述而」).[47]

이처럼 배우고 묻는 행위, 즉 학문學問은 교육의 기본이다. "두루 두루 배우는 일[博學]"은 광범위한 지식과 지혜를 체득하는 작업으로, 많이 듣고[多聞] 많이 보고[多見] 많이 읽는[多讀] 등 다방면의 활동을 포괄하며, 세상 만물의 이치와 수기치인修己治人의 방법 등 다양한 내용을 포함한다. "자세히 물음[審問]"은 사물에 대해 분석 비교하고 의심나는 것들에 대해 묻는 일이다.

추사는 이러한 유학의 정신을 근본적으로 계승하고 있다. 이는 「실사구시설」에서 "성현의 도를 몸소 실천하는 일"이나 "널리 배우고 힘써 행하는 일"을 언급한 것에서도 확인된다(『阮堂先生全集』 卷1).[48] 다시 말하면, 추사의 학문은 절문切問·근사近思하여 가치판단 기준을 사실에서 구하며, 박학博學으로 사실에 부합하느냐의 여부를 고증하여 경험적이고 사실적인 실천궁행을 하는 작업이다(이문원, 2002: 265).

추사는 학문의 과정에서 훌륭한 스승을 만나 배우는 일을 첫째로 하되, 그 다음으로 의구심 생기는 일에 대해서 묻기를 요청했다. 스승의 역할과 기능에 대해 추사는 「적천리설」에서 다음과 같이 강조한다.

> 의심이 많은 사람은 머뭇거리고 선뜻 그 (올바른 길을 성심껏 일러 준) 말을 믿지 않는다. 그러기에 또 다른 사람에게 물어보고 다시 또 다른 사람에게 묻곤 한다. 그러면 성심을 지닌 곁의 사람들은 모두 묻기를 기다리지 않고서 그 길의 곡절을 빠짐없이 열거하여 나에게 일러주되, 오직 자신이 잘못 알았을까 염려해서 사람마다 모두 같은 말을 하는 데까지 이르는 데, 이 정도면

> 또한 충분히 믿고 서둘러 길을 갈 수 있다.
>
> 그러나 저 사람은 더욱 의심을 내면서 이렇게 생각한다.
>
> "나는 다른 사람이 모두 옳다고 하는 것도 따를 수가 없어! 모두들 그르다고 하는 것도 나는 그것이 과연 그른지 모르겠어! 내가 직접 경험해 볼 거야!"라고
>
> 이런 경우, 자기 멋대로 하다가 마침내 함정에 빠져 건져줄 수 없는 지경에 이르게 된다. 종말에 가서야 자신이 미혹되었음을 깨닫고 되돌아온다고 해도, 이때는 이미 시간을 다 허비하고 심력心力을 소모한 터라, 시간의 여유가 없어 걱정하게 된다. 어떻게 하면, 남들이 명백히 일러준 말에 따라 힘써 행하여 성과를 제대로 거둘 수 있겠는가?(『阮堂先生全集』 卷1).[49]

추사는 정성을 다해서 안내해 주는 스승이 있어도, 의심을 할 수밖에 없고, 궁극적으로 자기 확신이 설 때까지 주변 사람들에게 지속적으로 물어야 한다는 실증적이고 실사구시적 태도를 보이고 있다. 모두가 바른 길이라고 말하는 보편적인 길을 확인할 때까지 끊임없이 물어야 한다. 그것은 삶의 진리를 찾으려는 심오한 자기 성찰이다.

그러나 추사는 모든 사람들이 분명하게 일러준 길이 무엇인지 구체적으로 제시하지 않고 있다. 자기 물음으로 그치고 말았다. 추사가 유학의 실제성을 옹호한다면, 그것은 공자 이래 유학의 수

양법과 무관하지 않을 것이다.

유학의 실제를 힘써 구하라

공자를 비롯한 대부분의 유학자들은 삶의 질서를 고민했다. 즉 자신에 대한 성찰과 타자에 대한 배려의 관계를 순조롭게 이행하려는 욕구를 내보인다. 그것은 인간을 개방적으로 바라보는 삶의 추구요, 생명의 정신이다.

유학의 일상적 삶에는 항상 질서가 부과되어 있다(최진덕, 1997: 3). 일용인륜이라는 인륜적 정당성의 근거를 넘어 실천을 통해 생의 질서와 생명력을 부과하고 있는 것이다. 유학이 허학虛學이 아니라 실학實學으로 명명되는 이유도 여기에 있다. 유학은 일상에서 인륜의 실천, 즉 사람의 삶이 행복과 희열로 충만하게 하고, 사람이 사람답게 살아가게 하기 위한 교화적 차원에서 학문을 하는 실천 중시의 철학이다(김충렬, 1990: 60).

추사는 바로 이러한 유학의 실제성, 실천을 학문의 중심에 두려고 했던 것은 아닐까? 그 단서는 완원의 「대학격물설大學格物說」을 옮겨와 나름대로 이해하려고 했던 「격물변格物辨」에서 확인할 수 있다.

> 격물이란 "사물에 이르러 그친다"라는 뜻으로 말하는 것이다. 대체로 가문과 나라, 세상에서 오륜은 몸소 친히 그곳에 이르러 실천하여 지극히 선한 곳에 그쳐야 한다. 물을 이르게 하다[格物], 지극히 선한 곳에 그치다[止至善], 그칠 곳을 안다[知止], 인에 그치다[止于仁], 경에 그치다[止于敬] 등의 일이 모두 한 가지 뜻이요, 두 가지 해석이 있는 것이 아니다. 그러므로 성현의 도는 모두가 실천하는 것으로서 이것이 다 실사구시의 뜻일 뿐이다(阮堂先生全集』 卷1).[50]

이런 점에서, 추사가 반문했던 마지막 구절, "어떻게 하면 남들이 명백히 일러준 말에 따라 힘써 행하여 성과를 제대로 거둘 수 있겠는가?"라는 교육의 목적은 분명해진다. 그것은 성현의 도, 즉 요순에서 주공으로 이어지는 유학적 실천이다. 「적천리설」은 바로 교육[학문]의 길에서 무엇을 향해 나아가야 하는지, 교육의 목적과 내용, 그 방법적 차원을 고민하게 한다.

제4장

추사, "실사구시"의 교육 정신을 주장하다

실제를 밝히는 작업은 책에 있고
이치를 따지는 길은 마음에 있다네
옛 것을 살펴보아 현재를 알리니
산은 높고 바다는 깊네

옹방강의 「실사구시實事求是 **제찬**題贊**」에서**

"실사구시"의 의미 맥락은 관점에 따라 차이가 있다

추사는 젊은 시절에 엮어 놓았던 자신의 저술을 두 차례에 걸쳐 소각해 버렸다고 한다. 때문에 현재 남아 있는 그의 문집은 후학들에 의해 단편적인 글들만이 모아져 있다. 특히 당대의 다산 정약용처럼, 유학 경전의 주석이나 해석에 관한 견해를 체계적으로 남기지 않아, 그의 학문이나 사상의 전모를 파악하는 데 한계가 있다.

다행히도 「실사구시설實事求是說」을 비롯하여 몇 편의 짧은 논문이 남아 있어, 그것을 통해 그의 학문관과 교육정신을 살펴볼 수 있다. 이중 「실사구시설」은 추사가 청나라에 다녀온 후 지은 글이다. 이 논설에 학문에 대한 그의 기본적 입장이 잘 드러나 있다. 그러나 당시 추사와 교유하였던 청대의 대학자 완원과 옹방강의 영향을 받은 것으로 추사의 독창적인 작품이 아니라는 설도 있다. 특히, 완원이 가장 많이 언급하였던 실사구시를 인용하여 나름대로 재해석한 것으로 이해한다. 그러나 추사 자신의 저술이라고 고증된 바도 있고, 문집 곳곳에서 추사가 지향하는 것이 실사구시의 학임을 분명히 밝히고 있어, 추사의 사상을 이해하는 데 근본자료로 보아도 될 듯하다(이선경, 1991; 정재훈, 2002).

추사는 학문[교육 혹은 공부]의 기본, 혹은 근원처를 "실사구시實

事求是"에 두고 있다. 실사구시는 "실제"와 "올바름"을 근본 축으로 하는 교육의 핵심이다. 조선에서 "실사구시"와 연관된 용어를 직접적으로 가장 먼저 언급한 학자로는 양득중(梁得中, 1665~1742)을 들 수 있으며, 이후 홍석주(洪奭周, 1774~1842), 전우(田愚, 1841~1922) 등의 학설에서 찾아볼 수 있다. 양득중의 경우, 허위풍조虛僞風潮를 사로잡는 요체를 실사구시로 보았고, 홍석주는 쇄소응대灑掃應對를 바탕으로 예악사어서수禮樂射御書數의 육예六藝를 통해 실제 생활의 실무적인 일들을 도리에 맞게 실천함으로써 성왕의 도를 구현한다는 의미에서 실사구시를 언급하였다. 그리고 전우는 효제충신孝悌忠信과 심성도기心性道器에 대한 강학講學을 위주로 하는 실사구시를 주장하였다. 이들은 기본적으로 유학의 전통에 터하여 실사구시를 주장하고 있다(김인규, 2005). 추사가 이런 전통을 그대로 이어받았다고는 보기 힘들지라도, 당시의 주류적인 시대정신에 비추어 볼 때, 유학적 태도를 완전히 벗어난 사유를 전개하기란 쉽지 않다.

"실사구시實事求是"는 "수학호고修學好古"를 전제로 한다

추사도 「실사구시설」을 중국의 유학을 주축으로 한 학문과정, 교육정신에 빗대어 설명한다. 그 첫 대목에서 교육의 길, 학문의 길을 직접적으로 제시하고 있다.

> 『한서漢書』 「하문헌왕전河間獻王傳」에 다음과 같은 기록이 있다. "실제적인 일에서 올바름을 추구한다." 이 말은 학문[교육]의 핵심이 무엇인지 명확하게 지시한다. 만약 실제적이지 않은 일을 하면서 속이 텅 비고 엉성한 잔꾀만을 부린다거나, 올바름을 구하지 않고 잘못 들은 말로 자기주장만을 되풀이한다면, 그것은 성현의 도에 어긋나는 짓이다(『阮堂先生全集』 卷1).[51]

"실사구시實事求是"를 풀이하면, "실제적인 일에서 올바름을 추구한다"는 말이다. 뉘앙스의 차이는 있지만, "현실에 나아가 진실을 구한다" "사실적인 측면을 탐구하여 진리[참]을 확보한다"는 의미로 이해해도 무방하리라.

그런데 간과하지 말아야 할 것이 있다. "실사구시"는 "옛 것을 좋아하여 배우고 닦는다"는 의미의 "수학호고修學好古"와 의미연관이 되어야 한다는 점이다. 즉 "실사구시"는 "수학호고 실사구시修學好古 實事求是!" "옛 것을 좋아하여 배우고 닦으며, 실제적인 일에서 올바름을 추구한다"라는 말에서 유래하였다. 따라서 실사구시實事求是는 수학호고修學好古가 전제되어 있다.

이것은 원래 청대淸代 초기에 고증학을 표방하는 학자들이 공리공론을 일삼는 송宋·명대明代의 학문을 배격하여 내세운 표어이다. 이때 실사구시實事求是는 "공론空論을 피하고 착실한 증거를 찾는다"는 뜻으로, 문헌학적인 고증의 정밀함을 존중하고 객관적·

사실적 학문 태도를 지닌다는 의미이다.

공자는 "(옛 것을) 전할 뿐이고 독창성이라는 미명 아래 자기 마음대로 짓지 않으며, 믿고서 옛 것을 좋아하는(『論語』 「述而」)"[52] 삶의 태도를 취했다. 또한 "옛 것을 연구하고 새 것을 알면 남의 스승이 될 만하다(『論語』 「爲政」)"[53]라고도 했다. 이는 유학의 조종祖宗인 공자가 "옛 것에 대한 그리움을 간직하고 있음"을 반증한다. 이른바 복고주의復古主義적 성향을 지닌 동시에 그것을 바탕으로 미래를 기획하려는 의도이다. 공자는 이 세상의 존재와 가치, 삶의 도리는 옛 사람들의 말씀 가운데 이미 다 들어 있다는 사실을 믿었고, 그 속에서 세계와 인간의 삶의 가치와 질서체계를 발견하려고 했다.

추사는 "실사구시"라는 단호한 언급을 통해 공자의 호고好古 정신을 받아들이는 듯하다. 그것은 "성현의 도"를 언급하는 대목에서 확인할 수 있다. 유학에서 성현의 도는 공자에 의해 최초로 집대성된다. 공자는 선왕의 행적인 시·서·예·악·주역·춘추를 산정刪定하고 바로잡으며 편찬하였는데, 이는 모두 실제적인 일[實事]을 밝히거나 정당한 행위를 실천하는 작업이었고, 동시에 올바름을 추구하는 기준의 제시였다. 이런 정신을 추사는 적극적으로 받아들인다. 추사는 진실로 참다운 근거가 아니면 차라리 빼놓고 말하지 않는 것이 낫다고 주장한다.

> 경전에 대해 말하는 이들이 우연히 한 가지 일이나 한 가지 뜻으로 인하여 자신의 주장을 세워 추측해 놓으면, 경사經師들이 서로 이어서 끝내는 일정한 말로 만들어 버린다. 이것은 그 자취는 해로움이 없을 듯하지만, 실상은 경전의 뜻을 크게 해치게 된다(『阮堂先生全集』 卷1).

추사는 철저히 근거에 의한 주장을 옹호한다. 공자가 성현의 도를 직접 산정했듯이, 경전 속으로 들어가 가감없이 실제를 밝히는 작업이 공부의 기본이다. 어떤 사람이 우연히 얻게 된 견해를 지나치게 중시하여 하나의 학설을 삼게 될 때, 실제 경전의 의미는 희미해지거나 왜곡되기 쉽다(서근식, 2006: 111~112). 이런 실제에서 추구하는 작업은 현대적 의미에서 이른바 "원전原典"에서 찾는 직접적인 자기 탐구를 의미한다.

추사의 실사구시는 일상의 합리적이고 실제적인 운용, 삶의 실천이다

추사의 교육에 대한 태도 또한 분명하다. 실제적인 일, 즉 구체적 사실이나 주어진 사안에 대해, 그것의 실천을 바탕으로 올바른 진리를 추구하는 작업이다. 추사는 실제적인 일의 사례를 한대의 훈고학訓詁學과 송대의 도학道學에서 발견한다.

한대漢代의 유학자들은 경전을 전수傳受하거나 훈고訓詁할 때에, 모두 스승으로부터 이어 받는 것이 있어서 그 짜임새가 지극히 정밀하고 확실하였다. 성性·도道·인仁·의義와 같은 사안에 대해서는 당시 사람들이 모두 잘 알고 있어서 깊이 논할 것이 없었다. 때문에 대부분이 심각하게 문제를 제기하여 밝히려고 하지 않았다. 그러나 어쩌다가 주석을 할 경우에는 실제적인 일에서 올바름을 구하지 않은 것이 없었다.

진晋나라 사람들이 노장老莊이라는 허무虛無의 학을 강론하면서부터, 배우기를 게을리 하여 속이 텅 비고 엉성한 사람들을 양산해 내었는데, 이때 학문 풍토가 한번 크게 변하였다. 불교가 크게 유행하면서 학문은 선禪을 중심으로 깨달음에 이른다는 지리支離한 내용으로 흘러 버렸다. 이는 연구하고 따져 묻지 않는 분위기를 연출했는데, 이때 학문 풍토가 또 한번 크게 변하였다. 이런 상황은 "실제적인 일에서 올바름을 구한다[實事求是]"라는 핵심 개념과 반대되는 것일 뿐이었다.

남송南宋·북송대北宋代의 유학자들은 도학道學을 천명하였는데, 성性·리理와 같은 사안에 대하여 정밀하게 연구하여 언급하였다. 이는 실제로 옛사람들이 드러내지 못한 것을 밝힌 중요한 성과였다. 그런데 육상산이나 왕양명 등의 학파가 공허空虛한 이론을 추구하며 유교를 끌어다 불교에 들여놓고, 심한 경우에는 불교를 끌어들여 유교에 들여놓기까지 하였다(『阮堂先生全集』 卷1).54)

추사는 한대의 훈고학을 정밀하고 확실한 학문의 방법으로 인식하였다. 특히 스승으로부터 전수받은 사실적 진리와 훈고학적 주석의 문제를, 실제적인 일에서 올바름을 구하는 실사구시實事求是와 동일시하였다. 이때 실사구시의 의미는 삶의 실제적 행위인 사실을 근거로 경전을 해석하는 작업이다 아울러 정확한 사실의 실상을 스승으로부터 전수받는 것과 주석을 통하여 계승하고 이해하는 일이다. 이것은 일차적으로는 경전 해석의 태도가 어떠해야 하는지 일러준다. 다음으로 실제 사실이나 삶에서는 경전의 가르침을 적용하여 실천하는 응용이자 창의성을 보여준다(김혜숙, 2004: 56).

그러나 진나라 이후, 노장과 불교가 횡행하던 시대에는 실사구시에 어긋나는 상황이 벌어졌다. 즉 노장과 불교는 실제 삶의 현장에서 벌어지는 인간사 자체를 허무라는 부정적 시각으로 바라본다. 뿐만 아니라 인간의 오관과 상식으로 일을 판별하는 방식이 아니라, 선禪이라는 특별한 인식 능력에 의거하여 진리를 깨닫는다. 추사는 이런 노장과 불교 모두를 실사구시가 아니라고 비판하였다. 이런 점에서 실사구시는 삶의 실제 상황에서 일어나는 일을 긍정하고, 그 속에서 진리를 구하며, 보편적 인간의 보편적 인식 능력으로 진리를 파악하는 방식을 의미한다(김혜숙, 2004: 57).

유학은 일상의 세계를 교육의 중심에 둔다. 앞에서도 강조했듯이, 조선조 유학의 거장 율곡 이이는 "사람이 이 세상에 태어나서 학문[교육]을 하지 않으면 건전한 사람이 될 수 없다. 학문은 특별한 것이 아니다. 부모는 마땅히 자식을 사랑하고 자식은 마땅히 효도하며, 신하는 마땅히 충성하고, 부부 사이에는 마땅히 구별이 있어야 하고, 형제는 마땅히 우애로워야 하며, 젊은 사람은 마땅히 어른을 공경하고, 친구 사이에는 마땅히 신의가 있어야 하듯이, 모든 일상생활에서 하는 일마다 마땅함을 얻는 작업일 뿐이다(『擊蒙要訣』 「序」)"[55]라고 갈파하였다.

추사가 고민했던 실사구시도 일상의 합리적이고 실제적인 운용, 그 삶의 실천에 다름 아니다. 이런 일상의 도덕·윤리적 세계를 형이상학적 철학의 세계로 승화시킨 것이 도학이다. 추사는 그런 도학을 옛 사람들도 미처 드러내지 못한 부분을 밝힌 것으로 칭송하고 있다. 다시 말하면, 앞에서 『중용장구』를 인용하며 언급했던 것처럼, 주자에 의해 집대성되는 성리학의 실학적 측면을 성실히 옹호하고 있다. 이런 점에서 볼 때, 흔히 조선 후기 유학인 실학을 단순히 "성리학의 공리공담에 반발하여 등장한 새로운 학문의 경향"이라는 기존 학계의 논의는 오류를 범할 수 있다. 추사는 분명히 송대 도학[성리학]을 긍정적인 눈으로 바라보고 있다. 물론 청대의 주요 학술 경향을 보여주는 글로, 옹방강의 글을 추사가 정리한 것으로 보이는 「설경지도說經之道」에서는 송대의 경전 해설에 비판적인 시각이 엿보이기도 한다.

> 경전을 해설하는 원칙은 자신의 주장을 세워서는 안 되고, 재주를 부려서도 안 되며, 기개를 부려서도 안 된다. 사람이 재주가 없을 수 없으나 재주가 큰 걱정거리가 되고, 기개가 없을 수 없으나 기개가 큰 병통이 된다. 재주를 부리거나 기개를 부리지 않으면 자신의 주장을 감히 내세울 수 없다. 경전의 해설뿐만 아니라 문장을 짓는 것도 마찬가지다. …… 구양수歐陽修와 같이 전아典雅한 경우도 경전의 해설에서는 일컬을 것이 없으니, 송나라의 경전 해설은 모두 자신의 주장을 내세우는 큰 병폐에서 벗어나지 못한 것이다(과천문화원, 2005: 198).

그러나 이것은 경전을 해설하는 원칙을 설명한 것으로, 재주나 기개를 부려 마음대로 해석하지 말라는 의미이지, 경전 해설 자체를 하지 말라는 뜻이 아니다. 송대 성리학을 집대성했다고 볼 수 있는 주자의 주석을 보더라도 훈고를 앞세우는 동시에 여러 선학의 주요한 설에 근거하여 이해하려고 노력한다. 내가 보기에 추사는 그런 해석의 노력까지 의미없다는 주장을 한 것은 아닌 듯 하다. 분명한 것은 주자 성리학에 비판적이며 불교적 색채를 띠기도 했던 육왕학파에 대해서는 부정적 시각을 보였다는 점이다.

실사구시는 원시 유학의 실천성, 그 도통론과 맥락이 닿아 있다

그리하여 추사의 실사구시는 궁극적으로 고대 "성현의 도"로 회귀한다. 바로 공자에 의해 집대성되는 유학의 근본 뿌리가 담긴 세계를 갈망한다.

> 가만히 생각해 볼 때, 학문의 길이 요堯・순舜・우禹・탕湯・문文・무武・주공周公・공자[56]에게로 돌아가는 것을 기본으로 삼는다면, 마땅히 실제적인 일에서 올바름을 구해야 할 것이요, 공허한 이론을 신봉하며 그릇된 곳으로 빠져서는 안 된다(『阮堂先生全集』 卷1).[57]

추사가 고민했던 실사구시의 정신은 요순에서 공자에 이르기까지 유학의 기본 뼈대를 형성했던 곳으로의 회귀를 시도한다. 이는 유학의 실질을 찾으려는 노력이다. 그러기에 궁극적 귀결처는 유학의 도통으로 불리는 지점이 된다. 이런 점에서 추사는 동 시대의 대유학자인 다산 정약용과 상통한다. 이을호(1974)의 표현처럼, 다산은 육경사서六經四書의 기초학 위에 일표이서一表二書를 응용학으로 하는 조화로운 수기치인修己治人의 체계를 갖추고 있다. 다산은 수사학洙泗學, 즉 원시유학인 공맹학孔孟學을 복원하려고 시도했다. 육경은 이른바 요순에서 주공에 이르는 행적을 공자가 정리한 사상의 체계이고 사서는 성리학의 지침서이다. 육경을 통해 원시 유학으로 다가가려는 노력이 다산학의 한 축을 형성하고 있다면, 추사학도 요순우탕문무주공이라는 원시유학으로 회귀하려는 의도가 엿보인다. 추사의 경우, 유학의 근원인 요순에서 주공까지 도통론에 입각한 실제 유학을 확인하고 본원적인 올바름의 세계, 실제적인 일의 세계를 추구한다는 점에 중점을 두고 있다.

실사구시의 방법론은 성현의 도를 몸소 실천하는 일이다

추사는 유학의 본령이 무엇인지 알기 위한, 진정한 실사구시를 구가하기 위한 방법론을 다음과 같이 구체적으로 일러주었다.

> 학자들은 한漢나라 유학자들이 정밀하게 훈고訓詁한 것을 존중하는 데, 이것은 진실로 옳은 일이다. 성현의 도는 큰 집에 비유할 수 있다. 큰 집에서 주인이 거처하는 곳은 방[堂室]이다. 그런데 방은 문간을 거치지 않고 들어갈 수 없다. 훈고는 바로 이 문간과 같다. 한 평생을 문간에서만 뛰어 다니고, 마루에서 어슬렁거리면서 방에 들어가려 하지 않는다면, 이것은 하인[종]과 같다. 학문에서 반드시 정밀하게 훈고하는 것은 학문의 방에 잘못 들어가지 않게 하기 위한 작업이지, 훈고로 일을 끝마치라는 말

이 아니다. 한나라 사람은 방에 대하여 심각하게 말하지 않았다. 이유는 당시에는 문간을 잘못 들어가지 않았기에 방에도 잘못 들어가지 않았기 때문이다.

진晉·송宋 이후, 학자들은 높고 원대한 곳에 있어 (다다를 수 없는 경지로 인식한) 공자를 존경하기에 힘쓰며 성현의 도는 가까이 있지 않다고 생각하였다. 그리하여 가까운 문간을 버리고, 별도로 뛰어나고 오묘하며 높고 원대한 곳에서 그것을 구하려고 하였다. 허공을 뛰어 올라 용마루 위를 왔다 갔다 하며, 창문으로 비치는 빛과 집 그림자를 부여잡고 생각하면서 집안을 연구하였다. 그러니 처마 끝도 제대로 보지 못한 상태가 되었다.

또 옛 것을 버리고 새로운 것을 좋아하여, 어떤 집을 들어갈 때, 이와 같이 가깝고 쉽게 하는 것이 아니라며 떠들어대었다. 그리고는 별도로 문간을 내고 다투어 들어가면서, 이쪽에서는 방안에 기둥이 몇 개라고 하고, 저쪽에서는 마루에 기둥이 몇 개라고 하며 비교하고 토론하기를 그치지 않았다. 그런데 정작 그들이 말하는 것은 서쪽의 이웃집이었고, 다른 집에 잘못 들어가 있는 것조차 알지 못하였다. 그러자 먼저 집의 주인은 기가 막혀 웃으면서 내 집은 그렇지 않다고 할 뿐이었다(阮堂先生全集』 卷1).[58]

추사는 실사구시를 위한 기초 작업으로 훈고의 중요성을 간파했다. 방에 들어가려면 문간을 지나야 한다. 그것은 하나의 순리이다. 마찬가지로 실사구시의 요체인 성현의 도에 들어가려면 반드시 훈고의 과정을 거쳐야 한다. 훈고는 사실을 근거로 경전을 정확하게 해석하는 작업이다. 아울러 해석된 경전의 가르침은 일상에서 실천되어야 한다. 추사는 훈고를 거쳐 삶에서의 직접적 실천에 이르기까지 실사구시의 태도가 이어져야 함을 역설하였다.

그리하여 종국적으로, 다시 성현의 도를 강조하며, "실사구시" 정신에 모든 역량을 집중시킬 것을 권고한다.

> 성현의 도는 몸소 실천하는 데 있지, 공허한 이론을 숭상하는 것이 아니다. 실제적인 일은 마땅히 구해야 한다. 그러나 공허한 사안은 근거할 것이 없어 아득하고 깜깜한 가운데서 무엇을 찾는 것 같고 드넓은 빈터에 내던져진 것 같아, 옳고 그름을 판단할 수 없어서 본래의 뜻을 모두 잃어버리게 된다. 그러므로 학문을 하는 길은 반드시 한나라와 송나라의 경계를 나눌 것도 없고, 정현과 왕숙, 이정과 주희의 단점과 장점을 비교할 것도 없으며, 주희와 육구연, 설선과 왕수인의 문호를 다툴 필요는 없다. 중요한 것은 마음을 바로잡고 기를 맑게 하여, 널리 배우고 힘써 실행하는 일이다. 오로지 "실제적인 일에서 올바름을 구한다"는 이 한마디 말을 기본으로 하여 실천하는 것이 좋다(『阮堂先生全集』 卷1).[59]

추사는 실사구시의 무게 중심인 성현의 도를 "몸소 실천하는 작업"이라고 단언한다. 그리고는 그것이 공허한 이론이 아니라면, 어떤 학문은 옳고 어떤 학문은 그르다는 구분도 허물어 버린다. 기준은 오직 실사구시이다. 다시 강조하면, 그것은 마음을 바로잡는 작업이요, 기운을 맑고 고요하게 하는 일이며, 널리 배우고 힘써 실천하는 일이다.

마음을 바로 잡고 기운을 맑고 고요하게 하는 일은 송학宋學의 주력처이고, 널리 배우는 일은 한학漢學이 주안점으로 삼았던 것이다. 추사의 실사구시는 이 지점에서 한학과 송학을 하나로 관통한다. 추사는 한학의 훈고적 방법을 중시하면서도 송학에 대하여 전면적 거부의 태도가 아니라 긍정적 이해와 종합을 추구하고 있다. 즉 한·송의 분별적 평가에 주안을 주는 것이 아니라, 객관적이고 개방적인 종합성을 기본으로 실제적 측면의 새 지평을 열고 있다.

기존의 학계에서는 추사의 실사구시 학문을 "한송불가분漢宋不可分" 혹은 "한송절충漢宋折衷"론 정도로 이해하고 있다. 그러나 추사는 한학과 송학이 제각기 시대정신에 맞게 나름대로의 실사구시를 구현한 것으로 이해한다. 이는 "실사구시"라는 목표에 부합할 때, 어떤 학문이건 관계없이 통합되고 유기적 연관성을 지닐 수 있으며 정신적 일치성을 확보할 수 있다는 의미이다. 따라서 추사학에서 한학과 송학은 단순한 불가분론이나 절충론이기보다는 그것을 넘어 실사구시의 측면에서 학문 정신의 동질성을 확보한다. 즉 송학과 한학은 실사구시의 다른 차원, 혹은 다른 측면을 보여주는 제각각의 "실사구시학"일 뿐이다.

그것은 성현이 걸어갔던 길이자, 우리가 본받고 나아가야할 삶의 길이다. 핵심은 지적·도덕적 실천이다. 추사의 사고에 따라 유추해 보면, 한학이건 성리학이건 고증학이건, 현대의 어떤 학문이건, 학문이 공허한 곳으로 빠지지 않고 실사구시하고 있다면, 그것은 교육의 표준이 된다.

이상에서 살펴 본 실사구시의 의미는 다음과 같이 정리할 수 있겠다.

첫째, 공리공담이나 형이상학적 해석을 지양하고 옛 행적에서 착실한 진리 증거를 찾는다.

둘째, 스승으로부터 전수 받은 진리를 신뢰하며 정확한 주석을 통해 경전을 해석한다.

셋째, 실제적 사실이나 일상에서 경전의 가르침을 적용한다.

넷째, 마음을 바로잡고 기운을 맑게 하여 널리 배우고 직접 실천한다.

실사구시는 교육의 이념이다

위에서 탐색한 것처럼, 추사의 「실사구시설」에는 교육의 근본 방향과 방법이 고스란히 담겨 있다. 그런 탓인지, 「실사구시설」은 간결하고 치밀한 한 편의 교육학 논문처럼 느껴진다. 이는 크게 교육의 이념과 목표, 방법에 대해, 이전에 형성되었던 학문의 체계를 사례로 제시하고 있다.

먼저, 추사는 『한서漢書』를 인용하여, "실제적인 일에서 올바름을 구한다[實事求是]"라는 교육적 이념educational idea을 제시하고, 학문의 방향을 가리키고 있다. 유학의 전통에서 볼 때, 학문은 공자가 평생을 일관했다는 "충서忠恕"의 실천이다. "충"은 자기 충실이요, "서"는 타자에 대한 배려이다(신창호, 2004c). 맹자의 경우, "긴장의 끈을 놓친 마음을 바로 잡는 일(『孟子』 「告子」 上)"[60]이라고 하였다. 그런데 추사는 실제적인 일[實事]을 담보로 올바른 이치, 진리를 생산하려고 한다. 이 때 실제적인 일은 정확하게 성현의 도를 구현하는 작업이다. 단순히 경전을 암송하고 익히는 차원의 지식 공부가 아니라, 그것에 담긴 진정한 삶의 길이다.

"실제적인 일[實事]"에서 실제[實]는 실질적인 우주의 이치나 인간의 윤리 질서, 곧은 마음을 의미하고, 일[事]은 그런 실질적인 것에 의해 구체적인 일을 할 때 성립한다. 또한 "올바름을 구한다

[求是]"는 말에서 "올바름"은 가치 판단의 기준이나 표준이 되는 성현의 도이다. 따라서 "실사구시實事求是"는 실제적인 우주의 이치나 인간의 심성에 따라 인간에게 벌어지는 모든 일을 처리하며 올바른 가치 판단으로 진리의 세계를 추구하는 작업이다.

실사구시는 성현의 도를 표준으로 그 시대의 교육정신을 담고 있다

추사는 이런 과정의 긍정적 사례와 부정적 사례를 역사에서 찾아 적시摘示하고 있다. 긍정적인 사례의 첫 대목은 한대 훈고학의 실사구시이다. 경전의 전수나 글자의 풀이 과정에서 실제적으로 스승으로부터 이어받아 체계적이고 정밀하면서도, 주석의 과정에서 사실을 검정하는 학문 태도를 높이 평가하였다. 다시 말하면 훈고학은 문자의 고훈古訓을 실증적으로 탐구함으로써 경전의 진의를 파악하고, 그로부터 올바른 가치 판단의 기초를 마련한다. 그리하여 문자와 경전에 담긴 본의를 해명함으로써 모든 사람들이 존재의 도와 윤리의 도를 쉽게 실현하도록 하였다(이선경, 1991). 이것이 바로 추사가 말하는 실사구시의 한 모습이다.

이어서 송대의 도학이 "옛 사람이 드러내지 못한 부분을 밝혀내었다"고 칭송하였다. 송대 도학은 훈고학을 넘어선 의리학義理學이다. 특히 조선의 경우, 정주程朱계의 성명의리지학性命義理之學[性理

學]이 크게 발달하였다. 성리학은 심성心性의 수양을 철저히 하면서 동시에 규범 법칙 및 자연 법칙으로서의 리理를 깊이 연구하여 의리의 의미를 완전하게 실현하려는 데 관심을 기울였다(윤사순, 1987: 9). 따라서 성현의 도를 구현하는 윤리적 질서를 바로 세운 도덕학으로서의 위상을 갖는다.

추사는 이를 적극적으로 긍정했다. 그리고 고증考證을 통해 일상의 도를 바르게 세우려는 목적의식을 지니고 있었다. 동시에 윤리적 도를 밝힐 수 있는 의리를 고증을 통하여 근거 있게 밝힘으로서 형식과 내용이 부합하도록 노력하였다(이선경, 1991: 19). 이는 실천궁행實踐躬行으로 귀결되고 실사구시로 드러났다. 반면, 진晋나라 이후의 노장老莊이나 불교의 경우, 실사구시와는 배치되는 방향으로 흘러 공부의 분위기가 엉뚱하게 되었음을 안타까워했고, 송대의 육왕학陸王學 계열은 유교와 불교를 뒤섞어 공허하게 만들었다고 비판하였다.

여기서 우리는 중대한 사실을 지적할 수 있다. 추사는 한대의 훈고학과 송대의 도학을 긍정적으로 인식하고 있으며, 실사구시의 학문으로 파악하고 있다. 따라서 추사는 훈고학과 도학의 가치를 수용하면서, 그것이 유학의 흐름에서 볼 때, 당대의 실사구시를 실현한 교육의 체계로 이해하고 있다. 이는 추사가 조선 후기라는 시대 상황 속에서 유학의 교육정신을 회복하려는 하나의 기준으로 판단된다. 특히, 노장과 불교의 허무虛無와 선禪을 실사구시와 반대된다고 지적하며, 유학과의 경계를 분명히 하고 있다. 뿐만 아니라 육왕학陸王學의 경우도 심학心學의 차원에서 불교적 경향이 짙다고 보고, 실사구시와는 거리가 멀다고 생각했다. 추사는 정통 유학자로서 유학의 진정한 목적이 무엇인가를 고민하는 차원에서 실사구시의 문제를 화두로 삼았다.

그러기에 추사는 요순에서 주공에 이르는, 성인의 도가 전수되어 온 유학적 도통 상의 실사구시로 돌아가기를 염원했고, 교육의 목적을 철저하게 "성인의 도"에 두었다. 왜냐하면 그것만이 실사구시를 확증할 수 있는 유일한 기준이었기 때문이다. 유학 도통에서 도의 핵심은 이른바, "진실로 그 마음을 잡고[允執厥中]" 백성에게 그 마음을 베푸는 최상의 덕성을 지닌 시중 군자時中 君子의 길이다.

이는 『서경書經』「대우모大禹謨」와 『중용中庸』「서序」에서 구체적으로 등장하는 16자 심법心法의 구현과 관련된다. 주지하다시피 "인심유위人心惟危, 도심유미道心惟微, 유정유일惟精惟一, 윤집궐중允執厥中[인심은 위태하고 도심은 은미하니 오직 정성스럽게 하나로 하여야 진실로 그 중을 잡을 수 있다]"이 그것이다. 이는 자신의 내면을 성찰해 볼 때, 인심과 도심을 뚜렷이 구별하여, 도심으로 중심을 잡고 성실히 행하여야, 모든 사물에 가장 합당하게 대처할 수 있다는 의미이다. 추사의 경우 실사구시는 바로 도심의 실현으로 판단된다. 이는 이후에 등장하는 평심정기平心精氣로 설명된다.

실사구시는 점진적 교육과정과 방법론을 적용한다

이러한 실사구시의 교육정신으로 추사는 "방에 들어가기 위해 문간을 지나야 하듯이", "훈고의 방법을 통해 성인의 길로 들어가듯이", 점진적이고 순차적인 방법을 제시한다. 유학에서 공부는 늘 엽등獵等(뛰어넘기)을 거부한다. 아래로부터 단계를 밟아 위로 올라가는 점차적인 교육과정과 방법을 추구한다.

> 배움에는 반드시 차례가 있다. 쇄소灑掃와 응대應對, 진퇴進退로부터 나아가는 것이 모두 차례이다. 가까운 데서부터 먼 곳으로, 엉성한 데서부터 자세한 곳으로 미치는 것은 교육의 방법이다. 천리를 가려는 자는 한 걸음 한 걸음씩 땅을 실제로 밟아 차례로 앞으로 나아가야 한다. 그런데 마구 건너 뛰어 도착하려고 한다면 되겠는가? 이는 스스로를 속이고 오류를 저지르는 일일 뿐이다(『性理大全』 卷 45).[61]

유학의 공부법은 반드시 순서와 차례를 거친다. 그것은 쉽고 가까운 것에서 어렵고 먼 곳으로 나아가는 매우 상식적인 방법에서 확인된다. 천리 길도 한 걸음부터라는 옛 속담은 이런 공부 방법을 잘 증명해 주고 있다. 앞에서 논의했던 "적천리설適千里說"처럼, 천리 길을 가는 사람이 어떻게 길을 가야하는지에 대해 추사는 분명한 입장을 밝혔다. 반드시 먼저 가 본 사람들의 안내를 받아 자기 확신이 설 때까지 하나하나 물어가면서 차근차근 나아가라고. 점진적 교육의 과정과 방법은 나이에 따라 학교에 들어가거나 교육 내용에 따라 방법도 달라진다. 소학小學의 쇄소灑掃·응대應對·진퇴進退의 절차와 예악禮樂·사어射御·서수書數의 문화, 대학大學의 격물格物·치지致知·성의誠意·정심正心·수신修身·제가齊家·치국治國·평천하平天下의 과정 또한 그러한 단계론의 체계화를 보여준다.

다시 강조하지만, 추사는 한대의 훈고학에 대해, 방에 들어갈 때 반드시 거쳐 지나가야 하는 "문간"에 비유하였다. 다시 말하면, 훈고를 하지 않고는 성현의 삶이 어떠한지, 그 실사實事를 파악할 수 없다는 의미이다. 예컨대, 동양철학을 하려면 한문을 해독할 수 있어야 하고, 영문 독해를 하려면 알파벳과 영어 단어를 알아야 하는 것과 동일한 논리이다. 또한 추사는 성현의 도를 가까이에 있지 않고 아주 높고 먼 곳에 있다고 생각하는 학자들을 신랄하게 비판하였다.

실사구시는 일상의 평정심, 중용의 교육 세계를 요청한다

유학은 일상日常의 학문이다. 앞에서도 언급했듯이 율곡은 "일상사의 합리성을 도모하는 작업"을 공부의 요체로 인식했고, 공자는 죽음의 세계보다는 삶의 세계에 관심을 두었다(『論語』「先進」).[62] 추사 또한 이러한 범주를 크게 벗어나지 않는다. 중요한 것은 궁행躬行과 실천의 기준이다. 기준은 실제적인 일인 성현의 도, 그 올바름의 세계를 "몸소 실천"하는 일이다.

추사가 실사實事를 추구하는 정점은 한대의 훈고학과 송대의 도학에서부터 설선과 왕수인의 문호를 다툴 필요가 없다는 대목에서 확인된다. 즉 실사구시實事求是의 중심은 유학인데, 유학의 흐름 가운데 어느 것이 실사구시학에 해당되느냐를 따지는 것보다, 더 중요한 근본은 "마음을 바로잡고 기를 맑게 하여, 널리 배우고 힘써 행하는 일"에 있다는 점이다.

마음을 바로 잡고 기를 맑게 하는 평심정기平心精氣의 방법은 동양의 전통적인 공부법이다. 이는 이성적 판단을 하기 전에 이해관계에 얽힌 사사로운 감정과 편견이 들지 않도록 마음 상태를 고르게 하는 것, 감정의 기복을 화평하게 조절하여 마음이 잔잔한 상태를 유지하는 작업이다. 이러한 평심정기平心精氣에 대해서는 『관자管子』에 잘 기술되어 있다. 먼저 마음의 평안에 관한 언급을 보자.

> 마음의 모습은 저절로 충실하고 저절로 차며 저절로 낳고 저절로 이룬다. 그 본심을 잃는 것은 반드시 근심·즐거움·기쁨·노여움·욕심·이기심 때문이다. 근심·즐거움·기쁨·노여

> 움·욕심·이기심을 없애려면 마음을 평정하게 해야 한다. 마음은 안정되어 평안해야 제 역할을 한다. 번거롭지 않고 어지럽지 않으며 화해하여야만 마음이 저절로 이루어진다(『管子』「內業」).[63]

마음은 스스로 채우고 생성하는 자성自性을 지닌 존재이다. 그러기에 마음은 늘 평정을 통해 안정을 확보한다. 추사의 평심平心은 바로 마음의 안정을 유도하는 공부의 기초 확립을 말한다. 그것은 유학에서 정심正心으로 드러난다. 이른바 『대학』의 격물格物-치지致知-성의誠意-정심正心의 수기修己 과정과 통한다(신창호, 2005d). 격물은 모든 대상에 대한 인간의 관심과 탐구이고, 격물을 통한 세계 인식이 치지이다. 그리고 성의는 스스로 속이지 않고 스스로 만족하는 일로 의지의 순화이고, 정심은 마음을 곧게 하여 한결같이 하며 잡념을 지니지 않는 일이다. 그런 작업을 통해 만물을 이루는 바탕을 마련한다(『周易』「繫辭」上).[64]

정기精氣는 마음의 본 바탕을 이루는 기를 맑게 하는 근원처이다. 그러기에 인간이라는 본질을 구성하는 핵심 요소이다.

> 정기가 보존되어 저절로 생기가 있게 되고 바깥으로 드러나 빛난다. 마음에 감추어 두고 원천으로 삼으면 꽉 차고 화평해져서 정기의 연원이 된다. 이 연원이 마르지 않으니 육신이 강건해진다. …… 자기 깨달음[敬]으로 그 채운 것을 펼칠 때, 이것을 내면

> 의 마음으로 깨달았다고 하는 것이다. 그러한 마음에서 돌이켜 반성하지 않는다면, 생명력은 어그러지고 만다(『管子』「內業」).[65]

정기는 마음에 감추어져 있는 샘과 같은 것으로 인간에게 생명력을 주는 힘이다. 그러기에 인간은 마음의 평정을 계기로 기운을 맑게 유지하며, 자기 삶과 행위를 이끌어간다. 즉 평심정기는 인간의 활동력을 담보하는 본질적 `장치이다.

이러한 마음 상태에서 반성적으로 사고하여 선입견을 배제하여야 올바른 시비판단이 가능하다(이선경, 1991: 16~17). 반성적 사고와 객관적으로 시비를 분별하여 정제된 지식을 축적하기 위해서는 널리 배우고 힘써 행해야 한다. 이 작업이 유학을 가장 조직적으로 천명하고 있는 『중용』의 교육정신에서 드러난다. 16자 심법이 『중용』의 서문에 등장하는 것만 보아도 이를 확인할 수 있다.

『중용』은 일상의 균형과 조화를 정점으로 한다. 그것을 실천하는 교육은 매우 쉬운 듯하면서도 엄밀한 과정을 거친다. 앞에서 언급한 것처럼, 공자는 "진정으로 열의를 갖고 있지 않거나 노력하지 않고, 사물을 캐물어 들어가지 않는 자에게는 일러 주지 않았다(『論語』「述而」)."[66] 그리고 배우기를 널리 하고, 뜻을 독실히 하며, 절실하게 묻고, 가까운 것부터 생각하면(『論語』「子張」),[67] 건전한 일상의 길로 갈 수 있다고 보았다.

> 널리 배우고, 자세히 물으며, 신중히 생각하고, 밝게 분별하며, 힘써 행하여야 한다. 차라리 이 모든 것을 하지 않으면 몰라도, 일단 무언가를 배운다면 능숙할 때까지, 묻는다면 알 때까지, 생각한다면 얻을 때까지, 분별한다면 분명해질 때까지, 행한다면 독실해질 때까지 놓지 말아야 한다. 남이 한번에 능숙하거든 나는 백 번을 하며, 남이 열 번에 능숙하거든 나는 천 번을 해야 한다(『中庸』 20章).68)

『중용』의 교육정신은 "널리 배움"으로부터 시작한다. 배움은 교육의 가장 기본적인 단계이다. 그러므로 중용의 실천은 교육을 통해 이루어질 수밖에 없다. 배우고, 묻고, 생각하고, 분별하고, 실천하는 일은 진실함[誠]의 중용을 체득하는 과정이다. 즉 배움-물음-사고-분별-실천의 유기적인 교육의 단계를 인식하는 작업이다.

다시 강조하면 "널리 배움[博學]"은 광범위한 지식을 습득하는 일로, 많이 듣고[多聞] 많이 보고[多見] 많이 읽는[多讀] 등 다방면의 활동을 포괄한다. 동시에 세상 만물의 이치와 수기치인修己治人의 방법 등 다양한 내용을 포함한다. "자세히 물음[審問]"은 사물에 대해 분석 비교하고 의심나는 것들에 대해 묻는 일이다(신창호, 2001).

주자에 의하면, 인간의 사고에는 두 가지가 있다. 하나는 무형無形의 의리義理를 생각하는 것이고 다른 하나는 이목耳目의 작용을 통솔하는 일이다. 그러기에 "신중히 생각함[愼思]"은 인간으로서 사리事理를 명백히 하는 일과 행동 중의 작용을 조절하는 작업이다. 이러한 배움과 물음, 사고는 주로 도덕 법칙과 그 존재 근거를 인식하는 일에 해당한다. 그런데 "밝게 분변함[明辯]"은 그러한 도덕적 의리義理의 운용과 시비是非의 판명을 말한다. 즉 도덕적 가치 판단이다. 이러한 배움과 물음, 사고와 분별은 인간의 선을 구체적으로 밝히는 학문이자 교육의 과정이다. 중요한 것은 "힘써 행함[篤行]"이라는 교육의 최종 과정에서 자발적이고 직접적이며 구체적인 실천이다. 힘써 행함은 바로 인간의 착함을 밝혀 마음에 성실하게 하고 몸에 체득하게 하는 실천적 과정이다(黃明喜·于述胜, 1999, 177~180).

이와 같이 추사는 평심정기라는 마음가짐과 『중용』의 박학博學·독행篤行으로 실사구시에 대한 결론을 내리고 있다. 그것은 추사의 표현대로, "마음을 바로잡고 기를 맑게 하여" "도심道心으로 무장하고, 널리 배우고 힘써 실행하여", 오로지 "실제적인 일에서 올바름을 구한다"는 핵심으로 요약된다. 이런 점에서 추사의 "실사구시"는 올바른 마음의 영역에서 실제적 지식과 실천 행위에 이르기까지 이론과 실천이 유기적으로 결합되어 있는 교육정신이다. 따라서 실제 삶의 영역에서 논의되는 "실학 교육"으로 부를 수 있다.

제5장

추사의 교육 정신,
실천으로 이어질 것인가

소나무와 잣나무는 사시四時를 통하여 시들지 않는다
추운 겨울 이전에도 하나의 소나무와 잣나무요
추운 겨울 이후에도 하나의 소나무와 잣나무일뿐

추사의 「세한도제문歲寒圖題文」에서

지금까지 「인재설」과 「적천리설」 「실사구시설」을 중심으로, 추사의 인간관과 교육의 과정, 실사구시 정신을 살펴보았다. 추사는 금석학자 또는 서화에 능한 예술가인 동시에 유학의 본령을 학문의 기초로 성찰하려는 근본 유학자였다. 그러기에 "성선性善"의 설을 일상의 떳떳한 이치로 규정하고 주공에서 맹자에 이르는 유학의 도통을 옹호한다. 뿐만 아니라 "거경居敬"을 핵심적 가치에 두고 수양하려는 의지를 엿보인다. 다시 말하면 추사는 원시유학의 성선 전통을 기초로 성리학의 거경을 학문[교육]의 중심축으로 삼았다. 그것이 추사에게는 실사구시實事求是 교육이요, 유학의 근본에 충실한 교육 실천의 한 면모이다.

「인재설」에 드러난 추사의 인간관은 다음과 같이 정리할 수 있다.

추사는 인간이 타고난 자질을 평등의 관점에서 이해하고 있다. 동시에 그것은 교육을 통해 길러질 수 있다. 이 또한 정통 유학의 교육관과 맥락을 함께 한다. 중요한 것은 태어나서 어릴 때는 똑똑했던 재능이 현실적인 제도와 인간의 욕심 앞에서 여지없이 무너진다는 비판이다. 때문에 교육은 심오한 진리가 담긴 성현들의 도를 본받아 실천하는 데 초점이 놓인다. 그것이 인간의 자질을 올바르게 기르는 일이자 실제적인 일로, 실학이 된다. 아울러 추사는 자질 함양에서 환경의 중요성을 지적하였다. 자질은 훌륭하지만 환경 자체가 다양한 경험과 유연한 사고를 할 수 없을 정도로 협소하다면, 자질을 제대로 발휘하기 어렵다. 그리하여 자질을 온전하게 발휘한 인간은 남을 따라하거나 유사하게 모방하지 않고, 자기의 주체적인 힘을 체득할 수 있게 된다. 요컨대, 추사는 옛 성현들의 실제적인 사실과 개방적인 환경에 근거하여 자질의 함양을 요청하였다. 그것이 교육의 지향이다.

추사의 인간관과 연관해 볼 때, 「적천리설」에 보이는 교육과정은 다음과 같이 요약해 볼 수 있겠다.

추사에게서 교육은 "목적지"를 분변하는 데서 시작된다. 그것은 이른바 "입지立志"와 동일한 맥락으로, 교육목표의 설정을 의미한다. 입지는 성선을 무게 중심에 두고 있는 요순의 도과 같은 성현의 길이다. 그 과정에서 스승[교사, 먼저 깨달은 사람이자 아는 사람이요 자세히 가르쳐 주는 사람]이 절대적으로 요청된다. 그러면서도 교육의 과정에서 의구심이 나는 사항은 "물음"으로 해소할 수밖에 없다. 궁극적으로 자기 확신이 설 때까지, 지속적으로 묻고 자기 경험으로 실증할 수 있는 진리 발견과 실천의 태도가 중요하다.

추사의 인간관과 교육과정론을 통해, 나는 다음과 같은 교육학적 전망을 해본다.

첫째, 인간의 자질은 태생적으로 평등하지만 노력에 의해 길러진다. 이는 현대 교육학에서 "개성교육"의 차원에서 논의할 수 있다. 동시에 실제적 학습의 중요성을 성찰하게 만든다.

둘째, 인간은 환경에 의해 다르게 성장한다. 환경은 인간의 삶터이자 교육의 장소로 추사의 사고는 "교육 환경학"의 기초 이론을 제공한다. 즉 인간의 자질을 최적으로 기를 수 있는 생태적 환경을 숙고하게 한다.

셋째, 교육에서 입지가 가장 중요하다. 입지는 인간됨을 위한 자기 이상이다. 특히 삶의 전체 상황에서 무엇을 지향하는지, 분명한 "목표의식"을 갖게 한다.

넷째, 스승은 길을 인도하는 사람이다. 교육에서 스승의 역할과 위상을 다시 확인하게 한다. 스승의 도움은 바로 교육의 목표를 분명히 인식하게 만들고, 거기에 도달하는 데 결정적으로 기여한다. 이는 현대적 의미의 "교사론"을 재구성하는 계기를 제공한다.

다섯째, 물음을 거듭하여 의구심을 해소하고 자기 노력으로 진리의 가치를 확인한다. 묻는 작업은 교육의 알파요 오메가이다. 물음을 통해 배우고 자기를 확인해야 앎과 실천에 도달할 수 있다는 "교육 작용"의 본질을 일러준다.

추사의 교육실천 지침은 「실사구시설」에서 절정을 이룬다. 젊은 추사는 유학의 본령을 찾으려는 근본 유학자임에 분명하다. 그것은 무엇보다도 요순에서 주공에 이르는 유학적 성인의 도를 "실사구시"로 언급하여, 공자가 집대성한 유학 이전의 실제적인 모습에 눈을 돌렸다는데서 확인된다. 특히, 몸소 실천하는 성현의 도를 공부의 중심축으로 제시하고, 공허한 이론을 배격하였다. 그리고 궁극적으로 강조한 점은 인간의 마음과 기를 밝고 맑게 하여, 널리 배우고 힘써 실행하는 일이었다.

이런 유학의 본령을 찾으려는 추사의 교육정신에서 진정한 교육 실천의 한 시각을 엿볼 수 있다. 흔히 조선 후기 학문으로 명명되는 실학은 단순히 현실의 정치경제적 삶만을 중시하는 학문이 아니다. 그것을 넘어서 실제적인 일, 일상의 진실성을 전제로 하는 실사구시라는 진리의 구현 체계를 의미한다. 다시 말하면, 공자 이전의 요순에서 주공이 보여준, 공자가 흠모했던 소박하고 순수한 유학의 정수를 찾아 현실에 구현하려는 교육적 의지로 생각된다. 그것을 한 마디로 강조하면, 앞에서도 언급한 유학의 본질인 16자 심법, 즉 "인심유위人心惟危 도심유미道心惟微, 유정유일惟精惟一 윤집궐중允執厥中"이라는 삶의 실제와 진리를 찾아가려는 고뇌이다.

요컨대, 추사는 "실제적인 일에서 올바름을 구한다"는 실사구시의 교육을 마음과 행위의 실천으로 엮어내었다. 즉 평심정기平心精氣와 박학독행博學篤行으로 그의 교육정신을 요약하였다. 그것은 마음을 바로잡고 기를 맑게 하는 일인 내면의 올바른 기준인 도심道心을 갖추고, 이를 바탕으로 세상의 올바른 윤리 도덕과 사물의 도리를 널리 배우고, 일상에서 힘써 실행하는 작업이다. 따라서 추사의 실사구시의 교육정신은 마음의 영역에서 지식과 행위에 이르기까지 이론과 실천이 유기적으로 결합된 "실학"으로 이해할 수 있다.

이러한 추사의 실사구시 교육정신은 다음과 같은 측면에서 현대 우리 교육을 반성적으로 성찰하게 한다.

첫째, "사실에 근거하여 진리를 구한다"는 측면에서 "교육의 표준"을 제시한다. 교육은 사실에 근거하여 인간의 삶을 조정하는 작업이다. 즉 사실을 토대로 인간을 가꾸어간다. 추사의 교육정신은 사실과 진리를 통합하고 일치시키려는 노력이다. 사실과 진리의 괴리가 심화된 현대 교육 상황에서 이러한 실사구시 정신은 교육적으로 요청된다.

둘째, "스승으로부터의 전수와 주석의 문제를 소중히 하고 올바른 해석을 갈구한다"는 부분에서 "교육의 내용과 방법"을 고민하게 한다. 교육은 교사와 학생을 핵심축으로 하고 교육 내용을 전수하고 해석하는 상호작용의 과정이다. 따라서 교사가 전수하는 공부의 내용을 신뢰해야 하고, 그것을 시대정신에 맞게 해석하는 작업이 중요하다. 추사의 실사구시 교육정신은 교사와 학생, 교육 내용의 문제를 어떻게 다룰 것인가에 대한 하나의 지침을 제시하고 있다.

셋째, "경전의 가르침을 일상에서 발생하는 실제 일에 적용하기를 염원한다"는 점에서 "교육의 응용과 실천"의 맥락을 되돌아보게 한다. 성현의 도로 표현되는 삶의 진리는 경전에 담겨 있다. 물론 현대 교육에서는 사서삼경四書三經을 중심으로 하는 유학의 경전을 진리의 표준으로 삼을 수는 없다. 자연과학을 비롯한 다양한 현대의 학문성과가 진리의 빛으로 다가온다. 그렇다고 하더라도 동서양 고전古典으로 간주되는 저서를 통해 경전의 의미를 재구성할 수는 있다. 중요한 것은 추사의 주장대로 그것이 어떤 학문 체계이건 "실사구시"적 진리의 근거가 된다면, 일상에서 실현할 수 있도록 교육할 필요가 있다는 점이다.

넷째, "평심정기 박학독행이라는 인간의 유기적 삶의 운동을 교육의 전체계로 제시한다"는 점에서, "교육의 의미"를 재발견할 수 있다. 평심정기와 박학독행은 마음에서 몸으로, 배움의 전 단계를 몸소 실천한다는 유기적 삶의 자세이다. 그것은 흔히 전인교육全人敎育이라 불리는 교육의 의미를 포괄적으로 보여준다.

총괄적으로 볼 때, 추사의 교육정신은 "실사구시"를 근본적으로 지향하고 있다. 그것은 실제적 교육관이자 "실학"교육이다. 이는 현대적 의미에서 사실주의, 과학주의와 상통하며, 진리를 현실 속에서 몸소 실천하는 교육이념과 내용, 방법적 측면에서 거듭날 수 있다.

보론

추사의 스승,
초정楚亭 박제가朴齊家의 교육관

놀고 먹는 자들은 나라의 좀벌레들이다
놀고 먹는 자들이 갈수록 늘어나는 이유는
엉터리들[졸부 · 가짜 지식인 등]이 번성하기 때문이다
이들에게 일을 하게 만들어
점차 놀고 먹는 추세를 줄여야 한다.

박제가의 『북학의北學議』「병오소회」에서

『북학의北學議』을 통해 본 인간지향과 교육정신[69]

Ⅰ. 서론

초정楚亭 박제가朴齊家(1750~1805)는 조선 후기 지성계에 상당한 의미를 확보하고 있는 지식인이다. 이덕무·유득공·이서구와 더불어 4대 문장가로 일컬어지고, 서출庶出, 추사 김정희의 스승, 북학파 등 여러 측면이 복합적으로 어우러지는 가운데 그의 삶과 사상이 조명된다. 주자학朱子學[性理學]이 주류였던 당시의 조선 사상계에서, 박제가는 매우 진취적이고 애국주의적인 성향을 지닌 진보적인 인사였다. 특히 『북학의北學議』를 통해, 이른바 조선 후기 "실학實學" 가운데 "북학파"로 자리매김 되는 사상가이다.

일반적으로 박제가의 사유 기반을 농업이나 상업적 개혁을 주축으로 하는 경제, 기술 혁신, 신분제 개혁 등 이용후생利用厚生의 이념에 둔다. 서양의 기술 문명에 영향을 받은 청나라의 선진문물을 무게 중심에 두고 있다. 이는 현대적 의미에서, 민생民生을 주축으로 하는 시무책時務策의 제시와 통한다. 그의 대표 저서인 『북학의北學議』가 그것을 입증한다. 『북학의』에서는 통상通商의 개방과 조선造船의 개량, 농업과 잠사蠶事의 기술적 개선, 쇄국주의적 정책의 비판, 외교적 개방, 병기와 농기구의 개량, 장례의 허화虛華, 풍수설의 비과학성, 기용器用의 기술과 용법, 재정 문제, 과거제의 모순과 시비是非 등, 실제 서민들의 생활과 국가의 부강을 위한 경제적 측면을 주요 내용으로 논의하고 있다.

이런 인식에 기초하여, 기존의 박제가 연구는 북학, 경제, 통상, 농업 개혁, 문학 등 여러 측면에서 다루어졌다. 그것은 기본적으로는 국민 경제의 건설, 혹은 국민경제론으로 명명할 수 있다(김영호, 1984). 그러나 박제가의 사유는 거기서 머물지 않는다. 그는 조선 후기의 폐쇄적인 세계관을 개방시키려고 노력하였다. 그것의 핵심은 주자학의 지나친 성명의리지학性命義理之學을 현실적·실용적 측면으로 전환하는 데 있었다. 의리와 도덕의 순수성을 심도있게 논의하던 학문에서 경제적 물질적 기반에 기초하는 실천중심의 학문으로 나아갈 것을 요청하였다. 뿐만 아니라 경직된 신분적 사회질서를 생산성 있는 능률적 사회체제로 바꾸려고 하였다(금장태, 1987: 64~65).

이러한 박제가의 사상을 교육철학적 측면에서 재해석해 보고자 한다. 박제가는 조선 후기의 실학자로 거론되는 반계 유형원이나 성호 이익, 순암 안정복이나 다산 정약용처럼 교육과 관련한 저서나 개혁론을 종합적으로 제시하지는 않았다. 따라서 그의 교육론을 체계적으로 확인하거나 정리하기에는 한계가 있다. 교육철학계에서 박제가 연구가 거의 이루어지지 않은 이유도 이런 사정에 기인한다. 그렇다고 하더라도 박제가의 사유 속에는 매우 현실적이고 실용적인 교육의 기준과 본질이 녹아 있다. 따라서 그것의 탐구를 통해, 현대 지식 사회에 어떤 교육적 시사점을 주는지 검토하고자 한다.

먼저, 교육을 통해 달성해야할 존재로서 박제가는 어떤 인간을 지향하는가? 인간됨의 기준을 "삶의 근본을 인식한 일하는 존재"와 "정덕正德·이용利用·후생厚生을 추구하는 존재"의 측면에서 추론해 본다. 다음으로 그런 인간을 양성하기 위한 교육과 학문의 근본 문제를 도출한다. 첫 번째는 과거제 비판을 통해 본 인재선발의 문제와 교육의 본질을 끄집어내고, 두 번째는 실용성과 전문성을 겸비한 테크네technē 교육이 왜 강조되었는지 살펴본다. 그리고 이런 인간 지향과 교육이 21세기 지식 사회와 맞닿아 있는 교육적 사고임을 성찰한다.

Ⅱ. "인간됨"의 기준과 지향

박제가의 사유를 검토해 볼 때, 그가 지향했던 인간의 모습을 도출하기란 쉽지 않다. 분석틀과 사고의 포인트에 따라 다양하게 지적할 수 있다. 여기에서는 교육의 형이상학적 목적인 "인간됨"을 기본으로 하여 박제가가 지향했던 인간의 모습을 그려본다. 교육의 형이상학적 목적인 "인간됨"은 막연한 의미로 느껴질 수 있다. 박제가의 사유와 여러 측면에서 이질적일 수 있으나, 현대 민주사회의 교육적 차원에서, 다음과 같은 화이트헤드와 마리땡의 지적을 참고하면 "인간됨"의 교육적 맥락에 좀더 다가갈 수 있다. 화이트헤드와 마리땡의 사유는 뒤에서 구체적으로 다룰 박제가의 교육적 기준과 매우 닮아 있다.

> 교양은 활발한 사고력思考力이며 미美와 인간성人間性에 대한 예민한 감수성感受性이다. 그러므로 단편적인 지식은 교양과 아무런 관계가 없다. 백과사전식으로 많이 알고만 있는 사람이야말로 이 지상에서 가장 쓸데없는 존재이다. 우리가 길러내야 할 사람은 "교양"과 특수한 영역에서의 "전문적 지식", 이 두 가지를 구비하고 있는 인간이다. 전문적 지식은 인간에게 출발점을 제공할 것이고, 교양은 철학의 깊이와 예술의 높이를 승화할 것이다(A. N. Whitehead, 1929).

> 교육의 목적은 인간이 자신을 하나의 인간으로 형성하도록, 즉 지식, 판단력, 도덕적 덕으로 무장된 인간으로 형성함으로써, 발전하는 역동성의 인간으로 지도하는 작업이다. …… 인간의

> 교육은 사회집단과 관련되어야 하며, 인간에게 사회 속에서 자신의 역할을 할 수 있도록 준비시켜 주어야 한다는 것이다. 인간을 그 공동체 속에서 정상적이며 유익하고 협동적인 생활을 영위하도록 형성시켜 주며, 사회적 측면에서의 인간의 발달을 지도하며, 자유의 의미와 의무감 및 책임감을 동시에 각성시키고 강화시켜주는 것이 교육의 본질적인 목적이다. …… 교육의 궁극적인 목적은 인간과 사회 환경과의 관계에 있는 것이 아니라, 그의 인간적인 삶과 정신적인 진보상태에 있는 인간에게 관심을 가지는 데 있다. …… 교육의 본질은 자라나는 시민을 사회생활의 상황이나 상호작용에 적응시키는 데 있는 것이 아니라, 먼저 인간을 만드는 데 있으며 바로 이렇게 함으로써 훌륭한 시민을 준비시켜 줄 수 있다(J. Maritian, 1943).

우리가 북학파, 혹은 실학자라고 명명하고 있듯이, 박제가는 무엇보다도 당시 조선의 현실을 염려한 현실주의자였다. 그러기에 늘 "인간은 어떤 존재여야 하는가? 잘 삶이란 무엇인가?"에 대해 근본적으로 성찰하려는 태도를 보인다. 그것은 주로 현실적 지배자인 사대부 계층에 대한 비판으로 드러난다. 박제가는 사대부들의 삶을 비판하면서 "인간됨"의 기준을 확인하고 있다.

1. 삶의 근본을 인식한 일하는 존재

박제가의 인간 인식은 어찌 보면 간단하다. "인간의 삶에서 근본은 무엇인가?" 특히, 농경이 생활의 핵심으로 자리하고 있던 당시 조선의 현실에서, "인간은 무엇을 해야 하는가?" 대답은 "농사"를 중심에 두고 인간 자신의 삶을 돌아보는 작업이었다. 박제가의 생각을 잠깐 보자.

> 옛날 신농씨神農氏는 나무를 깎아서 보습을 만들고, 나무를 휘어서 쟁기를 만들어서 처음으로 백성들에게 경작하는 법을 가르쳤다. 신농씨 이후의 성스러운 군주와 어진 재상들은 하나같이 농사의 이치를 잘 연구하여 분명하게 밝히는 것을 만세萬歲의 법으로 간주하신 분들이었다. 그러한 까닭에 요堯임금 때는 후직后稷이 토질을 감별하여 오곡을 심게 하고, 마침내 농사農師가 되셨다. 순임금은 직접 역산歷山에서 농사를 지은 분으로 나중에 천자天子가 되셨다. …… 한나라가 흥하게 되자, 옛 제도를 완전하게 회복하지는 못했지만, 효제역전孝悌力田이라는 인재 천거 제도를 만들었고, 군읍郡邑의 관리들이 모두 백성들에게 농사짓는 방법을 가르칠 능력이 있었다. …… 국가를 다스리는 데 필요한 학문이 농사를 짓는 일에서부터 출발하였으므로 백성들이 그 혜택을 입어 교화가 제대로 시행될 수 있었다. 그런데 현재 우리

> 나라는 인재를 등용할 때 오로지 문벌과 지체만을 숭상한다. 공경公卿의 아들은 공경이 되고, 서민의 아들은 서민이 되는 이 관례를 한 발치도 벗어나지 못한다. 그 유래가 벌써 오래 되었다. 윗자리에 있는 사람은 고귀한 신분에다 부유하게 살기 때문에 농사를 직접 짓지 않는다. 그래서 심한 경우에는 콩과 보리도 분간하지 못할 정도이다(『北學議』 外篇 「農器圖序」).

"농자천하지대본農者天下之大本"이라는 언표가 상징하듯이, 수천 년 동안 농경의 전통을 지속해온 동아시아 사회에서, 농사는 삶의 핵심 사안이었다. 그러기에 중국 역사에서, 신농씨를 비롯하여 요堯·순舜·우禹를 거쳐 한漢나라의 군왕과 관리에 이르기까지, 한결같이 농사를 국가의 대사大事로 자리매김하였다. 이것은 삶의 근본과 인간의 본분이 어디에 있는지를 보여준다.

박제가는 어린 시절(9세 때)에 『맹자孟子』를 손으로 베껴 책을 만들었다고 한다. 어떤 이유에서건 박제가는 『맹자』를 많이 접하였고, 사상적 영향을 받았음에 분명하다. 그런 심경을 박제가는 다음과 같이 적고 있다.

> 선친께서 매달 종이를 내려주셨는데 나는 날마다 종이를 잘라 책을 만들었다. 책의 폭은 손가락 두 개 크기만 하여 두 질을 함께 놓아도 불면 날아갈 정도였다. 책 한 권이 완성될 때마

> 다 이웃집 아이들이 달래서 가져가기도 하고, 묻지도 않고 나꿔 채가기도 했다. 그래서 읽은 글을 반드시 두세 차례 뽑아 써야만 했다. 그러는 사이에 키는 해가 갈수록 한 자씩 커가고 책의 크기도 한 치씩 커갔다. 아홉 살 때 이 『맹자』 책을 만들게 되었다(「閱幼時所書孟子敍)」).

그렇다고 박제가가 삶의 근본이나 인간의 본분에 대해, 반드시 『맹자』를 통해서만 터득했다고 말할 수는 없다. 그런데 공교롭게도 『맹자』에는 인간의 본분에 대한 언급이 여러 차례 강조된다. 그 중에서도 "지도자[君子]가 없으면 들에서 일하는 민중[民]을 다스릴 수 없고, 들에서 생산하는 민중이 없으면 지도자를 먹여 살릴 수 없다(『孟子』 「滕文公」 上)"라는 노심자勞心者와 노력자努力者의 역할 분담, 혹은 협력적 상생관계協力的 相生關係는 정치경제의 원리로 중시된다. 여기에서 지도자는 위정자爲政者로서 다스림을 본분으로 하고, 민중은 생산을 본분으로 한다. 위정자는 농사를 잘 지을 수 있는 환경과 여건 조성이라는 정사政事를 잘 행하고 민중으로부터 생산물을 공급 받는다. 민중은 다스림을 받는 대신 생산물을 공급한다. 그것이 신분적으로는 계급 사회이고 산업적으로 농경 사회였던 당시 인간들의 삶의 원리이자 근본이었다. 박제가의 사고도 여기에서 벗어나지 않는다.

그런데 박제가가 볼 때, 노심자勞心者 역할에 충실해야 할 조선의 사대부들은 전혀 엉뚱한 짓을 하고 있다. 직접 농사를 짓지 않는 것은 물론, 농사에 도움을 줄 수 있는 어떤 방책도 제시하지 않는다. 심지어는 콩이나 보리 등 농작물의 종류에 대해서도 전혀 분간하지 못할 정도로 관심이 없고 부패일로에 있다. 이는 삶의 근본인 농사에 대해 자기 본분을 상실한 상황이다. 박제가는 이런 인간을 경계한다. 경계의 이면에는 삶의 기본자세, "인간됨"이 무엇인지 성찰하려는 자기 고민이 스며있다. 그러기에 박제가는 신농씨로부터 요순, 한나라 관리에 이르기까지, 삶의 근원과 인간의 본분에 충실했던 전형들을 제시하며, 그가 지향하는 인간의 모습을 피력했다.

또한 박제가는 허례허식에 빠지지 않고 실제로 일하는 인간을 갈구했다. 특히 당시 중국[청나라]의 선진적인 사회와 문화, 문명을 접한 후에, 다음과 같이 자신의 느낌을 토로하였다.

> 중국 사람은 가난하면 장사를 한다. 그렇더라도 사람만 현명하면 원래 가진 풍류나 명망, 절개는 여전히 대접 받는다. 따라서 유생儒生이 거리낌없이 서사書肆를 출입하기도 하고, 재상조차도 직접 융복사 앞 시장으로 가서 골동품을 사기도 한다. …… 이러한 풍습은 청나라의 것이 아니라 이미 송·명대부터 그러했던 것이다. 우리나라의 풍속은 허례허식만을 숭상하고 주위를 돌아보고 금기하는 것이 너무나 많다. 사대부들은 벌어먹을지언

> 정 들녘에 나가서 농사짓는 일을 하지 않는다. …… 집안에 동전 한 푼 없는 자라도 모두가 성장盛裝을 차려입고 차양 높은 갓에다 넓은 소매를 하고서 나라 안을 쏘다니며 큰소리만 친다. 하지만 그들이 입고 먹을 것이 어디에서 나오겠는가? 그러니 할 수 없이 세력가에 빌붙어 권세를 얻으려고 하므로 청탁하는 풍습이 형성되고 요행수나 바라는 길을 걷게 되었다. 이러한 짓거리는 장터의 장사꾼들조차 꺼리는 행위이다. 따라서 나는 차라리 중국처럼 떳떳하게 장사하는 행위보다 못하다고 말한 것이다 (『北學議』 內篇 「商賈」).

우리가 여기서 눈여겨보아야 할 것은, 자신의 일을 스스로 처리하는 "일"하는 방식의 문제이다. 중국인들은 자기에게 필요한 물건을 직접 고르고 구입한다. 그것은 자신의 일을 직접 처리한다는 말이다. 그런데 조선인(특히 사대부士大夫)들은 농사일을 하지 않을 뿐만 아니라, 허장성세虛張聲勢에 빠져있다. 정말 문제는 "일"처리이다. 왜 조선 사람들은 일이 삶의 중심임을 파악하지 못하는가? 자신의 상황에 맞게 일하지 않는가? 삶을 위하여 떳떳하게 장사라도 해야 할 것 아닌가? 일하지 않는 자에 대해 박제가는 무서운 질타를 가하며, 일할 것을 권한다.

> 저 놀고먹는 자들은 나라의 좀벌레입니다. 놀고먹는 자가 날

> 이 갈수록 늘어나는 이유는 사족士族이 번성하기 때문입니다. 이 무리들이 나라에 온통 깔려 있어서 한 가닥 벼슬로는 모두 옭아 멜 방법이 없습니다. 그들을 처리할 방법이 반드시 따로 마련되어야 합니다. …… 수륙水陸의 교통 요지에 장사하고 무역하는 일을 사족士族에게 허락하여 입적入籍할 것을 요청합니다. 밑천을 마련하여 빌려주기도 하고, 점포를 설치하여 장사하게 하고, 그 중에서 인재를 발탁함으로써 그들을 권장합니다. 그들에게 날마다 이익을 추구하게 하여 점차로 놀고먹는 추세를 줄여야 합니다(『北學議』 外篇 「丙午所懷」).

박제가의 문제의식은 "인간은 실제적인 삶을 위하여 현실적으로 일하는 존재로 다듬어져야 한다"는 데 있다. 『북학의』 곳곳에서 박제가는 청나라 문물의 우수성을 논의한다. 그러나 대부분의 조선 사대부들은 청나라를 오랑캐의 입장에서만 바라보고, 그것이 지닌 현실적 유용성을 간파하지 못했다. 뿐만 아니라 중국의 학문이나 풍속이 어떠한지 제대로 알려고 하지 않고 완벽한 편견에 사로 잡혀 있었다. 물론 이것은 명나라를 천하의 표준으로 보는 성리학적 의리 정신과 연관된다. 그러기에 박제가는 다음과 같이 한탄했다.

> 오늘날 사람들은 아교로 붙이고 옻칠을 한 속된 각막을 가지

> 고 있어 아무리 노력해도 그것을 떼어낼 수가 없다. 학문에는 학문의 각막이 문장에는 문장의 각막이 단단하게 붙여져 있다(『北學議』 外篇 「北學辨」 II).

이러한 시각에 둘러싸인 사고와 행동, 그것은 주자학의 도학주의道學主義와 엄숙주의嚴肅主義이다. 성리학적 각막은 인간의 본분을 고착화시키고, 공리공론空理空論에 휩싸이기 쉬우며, 새로운 지향을 고민하지 않는다. 그러기에 새로운 사실이나 제안을 부정한다. 예컨대 박제가가 수레를 사용하자고 주장했을 때, "우리나라는 산이 험하고 물이 가로막혀 수레를 사용할 수 없다(『北學議』 外篇 「北學辨」 II)"라고 강변한다. 수레가 현실적으로 필요하고 실제 삶에 유용하다면, 험한 산과 강물의 지세를 잘 이용하여 수레를 쓸 방도를 고민하는 것이 "실용"이다. 초기의 유학이 이상향으로 그리는 고대 제왕들은 먼저 나서서 실용을 실천했다. 그런데 성리학적 원리주의를 앞세워 무조건 부정적 의견을 내세울 때, 그것은 "일하지 않으려는 존재"로 오해받기에 충분하다.

요컨대, 박제가는 농사를 중심으로 정사政事를 행했던 당시의 현실에서, 생활의 근본을 고민했다. 아울러 실제 삶에 유용한 일을 요청했다. 이는 그가 지향하는 인간이, 적어도 삶의 근본을 인식하고 자신의 일을 실천하는 실용적 행위자라는 의미이다.

2. 정덕正德·이용利用·후생厚生을 추구하는 존재

유학은 이상사회의 구현 방법으로 『서경書經』의 삼사三事(정덕正德·이용利用·후생厚生)를 표준으로 제시한다. 삼사三事는 『서경書經』「대우모大禹謨」에서 "우禹"가 표현한 말로, "나라를 다스리는 데 기본이 되는 세 가지 일"이다. 그 원문 풀이는 다음과 같다. "오오, 임금님! 잘 생각하십시오. 덕을 통해서만 올바른 정치를 할 수 있습니다. 정치는 백성을 편안하게 하는 데 있습니다. 물·불·쇠·나무·흙[五行]과 곡식들을 잘 다스리십시오. 동시에 덕을 바로잡고 쓰임을 이롭게 하며 생활을 넉넉하게 하는 일을 조화롭게 하십시오. 이 아홉 가지 일이 모두 질서가 잡히거든 아홉 가지 질서를 향유하게 하십시오. 그들을 훈계하실 때는 좋은 말을 쓰시고, 그들을 독려 하실 때는 위엄을 쓰시며, 그들에게 아홉 가지 노래를 권장하여 그르치지 않도록 하십시오."

박제가도 이를 존중한다. 그런데 17, 18세기 조선 후기의 주자학[성리학]은 정덕正德에 편중한 윤리적 경향성을 띠게 되었다. 다시 말하면 수기修己를 적극적으로 강조하는 윤리·도덕적 측면에 치우치면서 상대적으로 이용利用·후생厚生을 외면한 부분이 있었다. 북학파들의 현실 인식은 이에 대해 『서경』에서 제시했던 유학의 본래 모습을 회복하는 작업이었다.

이 지점에서 북학파의 "삼사三事"에 대한 이해를 고민할 필요가 있다. 왜냐하면 삼사三事의 인식 여하에 따라, 조선 후기 학문적 경향인 실학을 보는 기준이 달라질 수 있기 때문이다.

이용후생利用厚生을 적극적으로 주장하는 연암燕巖 박지원의 경우, "쓰임을 이롭게 한 뒤에 생활을 넉넉하게 할 수 있고, 생활을 넉넉하게 한 뒤에 덕을 바로 세울 수 있다. 기물器物의 사용을 편리하게 하지 않고 생활의 윤택을 꾀하기 어렵고, 생활이 윤택하지 않은데 어찌 도덕을 바르게 할 수 있겠는가?"라고 하여, 정덕正德에 앞서 이용후생利用厚生을 강조하였다. 그렇다고 인간의 도덕적 측면을 무시하거나 소홀히 하자는 것은 아니다. 이는 비근한 물질적 삶으로부터 인격적 가치로 지향하는 발상의 전환이다(김인규, 1999: 102~103). 연암의 언표는 이용후생 이후에 정덕으로 나아가는, 선후의 문제가 분명하게 제시된 듯하다.

이런 사유에 기초하여 기존의 연구자들은 대부분 "북학파(이용후생학파)"의 사고를, 주자학자들의 "정덕正德 중심주의"에서 "이용→후생→정덕"의 "이용후생利用厚生 중심주의"로 전환했다고 이해한다. 그러나 정덕正德·이용利用·후생厚生은 유기체적으로 함께 맞물려 움직이는 통일적인 삶의 방식이라고 생각한다. 그러기에 고정된 양식으로서 선후의 문제를 따지기보다 인간과 사회의 상황에 따라 유동적인 선후 문제가 있다고 판단한다.

그러기에 박제가는 다음과 같이 지적한다.

> 옛날에 제왕이 백성을 교화할 때, 집집마다 찾아다니며 일일이 가르치고 깨우치지는 않았다. 절구를 하나 만들어내자 세상에는 껍질을 벗기지 않은 낟알을 먹는 사람이 사라졌고, 신을 하나 만들어내자 세상 사람들이 맨발로 다니지 않게 되었으며, 또 배와 수레를 하나 만들어내자 아무리 험준한 곳이라도 물건을 유통시킬 수 있게 되었다. 이런 방법이 얼마나 간소하면서 쉬운가! 쓰임을 이롭게 함[利用]과 생활을 넉넉하게 함[厚生]은 한 가지라도 갖추어지지 않으면 위로 정덕을 해치는 폐단을 낳게 된다. 따라서 공자가 "백성의 수가 많아진 다음에 그들을 교육하도록 하라"고 말했고, 관중管仲은 "의식衣食이 풍족해진 다음에 예절을 차리는 법이다"라고 말했던 것이다(『北學議』「自序」).

박제가의 언급은, 말 그대로 "이용利用과 후생厚生(기물의 편리함과 생활의 넉넉함)"의 구체적 사례이다. 온전한 인간, 인간됨의 전형으로서 실용성에 기반한 고대 제왕들의 실천적 모습을 제시하고, 그것을 교육적·제도적으로 보완하려고 노력한 공자와 관중의 삶에 대한 관심도 언급했다. 박제가는 이른바 "성인"이나 "현인"으로 인식되는 존재의 모습을 통해 삼사三事(정덕正德·이용利用·후생厚生)를 조화롭게 실천하는 인간을 꿈꾸고 있다.

여기에서 고민할 부분은 박제가의 의미심장한 사고이다. "이용利用과 후생厚生은 한 가지라도 갖추어지지 않으면 위로 정덕正德을 해치는 폐단을 낳게 된다!"

박제가는 이용利用과 후생厚生을 정덕正德보다 우선적인 문제로 보지는 않았다. 다시 말하면 이용후생利用厚生하는 인간을 정덕正德하는 인간보다 앞세운 것이 아니다. 그는 이용利用과 후생厚生을 골고루 조화롭게 갖추어야 위에 있는 정덕正德을 할 수 있다고 강조한다. 그것은 기본적으로 정덕正德이라는 도덕 윤리적 가치를 포함하는 이용利用과 후생厚生의 실천을 뜻한다. 요컨대 정덕正德-이용利用-후생厚生의 유기체적 조화를 강조하는, 『서경』의 모델을 회복하려는 자세이다.

엄밀히 고찰하면, 박제가는 삼사三事를 조화롭게 실천할 수 있는 현실적으로 유용한 인간과 사회를 염원했다. 때문에 곳곳에서 『서경』의 삼사三事를 예시로 든다.

> 우리나라는 도성에서 몇 리만 밖으로 나가면 벌써 풍속이 촌스런 티가 물씬 풍긴다. 그 이유는 무엇인가? 입을 것과 먹을 것이 넉넉하지 않고 재화財貨가 제대로 유통되지 않으며, 학문은 과거제도에 짓눌려 사라지고, 풍기는 문벌을 중시하는 제도에 막혀 있기 때문이다. 따라서 백성은 견문을 넓힐 방도가 없으며, 재능을 개발하고 식견을 트이게 할 길이 없다. 사정이 이렇다보

> 니, 문화는 퇴보하고 제도는 망가지며 백성들의 숫자는 날로 증가하는 데 나라의 재정은 날이 갈수록 비어간다. 이러한 이유 때문에 『서경』에서는 "덕을 바로잡고 쓰임을 이롭게 하여 생활을 넉넉하게 하는 일에 힘써야 한다"라고 하였다. 그리고 『대학』에서는 "재물을 생산하는 데는 핵심적인 방법이 있는데, 생산하는 사람은 물건을 빨리 만들고, 쓰는 사람은 천천히 써야 한다"라고 하였다. 여기에서 물건을 빨리 만들어야 한다는 말은 무슨 뜻인가? 물건을 쓰기에 편리하게 만들자는 말에 불과하다. 또 생활을 넉넉하게 하는 일은 입을 것과 먹을 것을 풍족하게 하자는 의미이다(『北學議』 外篇 「農蠶總論」).

박제가의 지적은 매우 구체적이다. "풍속에 촌티가 물씬 풍긴다"는 말은 서양과학의 힘이 미치지 않아 선진적인 문물이 없는 시골을 의미한다. 즉 문화적으로 후진성을 면하지 못한 지역이다. 그것은 바로 빈곤과 부정, 부패에 얼룩진 조선의 모습 그대로이다. 요컨대 세련미를 갖춘 문화의 부재, 정덕正德이 일그러진 상황이다. 그 이유는 물질적 빈곤, 재화 유통의 미비, 학문의 왜곡, 문벌 중시의 사회적 풍조 등 이용과 후생의 부실에 있다.

이런 점에서 볼 때, 박제가가 단순히 물질문명을 강조하는 이용후생의 차원에서 시대를 논의하는 것은 아닌 듯하다. 특히 과거제로 인한 학문의 왜곡, 문벌의 전횡 등 정신문명의 본질 회복도 동시에 강조한다. 그러기에 박제가는 곧바로 『서경』을 인용하여 유학의 본래 정신을 꿈꾸고 있다. 그것은 요堯-순舜-우禹로 이어졌던 인간됨의 표준을 조선 사회에서 갈망한다는 의미이다. 그리고 『대학』의 생산 정신을 풀이하면서 이용후생利用厚生의 가치를 이입하고, 정덕正德을 하기 위한 장치로서 제시했다.

위에서 간략하게 살펴본 것처럼, 박제가는 기존의 주자학자들처럼 인간의 성정性情이나 품성品性 등 인간의 본질이 어떠한지, 자세하게 논의하지는 않은 듯하다. 그런 차원에서 기존의 성리학자들과 구분된다. 그러나 삶의 근본을 인식하고 일하는 인간을 추구하며, 정덕正德·이용利用·후생厚生을 실천하는 인간을 염원한 것은 분명하다. 즉 초기 유학의 본질적 원칙을 숭상했다. 때문에 서민이건, 사대부이건, 왕이건 간에, 도덕성과 삶의 편리하고 넉넉함, 국가의 부강과 공리적 가치를 중시하는 인간을 지향했다.

Ⅲ. 교육[학문]의 근본 문제

박제가는 교육에 대한 체계적인 저작을 남기지 않았다. 구체적인 언급도 그리 많지는 않다. 그러나 과거제 비판을 비롯하여 곳곳에서 학문과 교육의 왜곡을 지적하고, 현실적으로 필요한 교육을 요청한다. 그것이 앞에서 지적한 "삶의 근본을 인식하고 일하는 인간"과 "정덕正德·이용利用·후생厚生을 실천하는 인간" 양성과 관련된다. 여기에서는 과거제 비판을 통해 본 교육의 본질을 구명하고, 실용성과 전문성을 겸비한 "테크네 교육"의 차원에서 그의 교육정신을 추론해 본다.

1. 과거제 비판을 통해 본 인재선발과 교육의 본질

한국 교육사상사에서 유학을 중심으로 행해졌던 국가 교육기관[國學, 國子監, 成均館, 鄕學, 鄕校, 四學 등]의 목적은 고급 관료 육성에 있었다. 뿐만 아니라 사학[書堂, 書院 등]도 그런 지향이 있었다. 그것은 국가에서 필요로 하는 적절한 인재를 선발하는 작업이다. 특히 조선조에서 과거를 통한 인재 선발은 인간의 일생을 좌우하는 일이었다. 삶의 모든 것이라고 해도 과언이 아니었다. 적어도 이념적으로는 수기치인修己治人이라는 유학적 사명을 충실히 이행하기 위해, 과거시험에서 선발되어야만 했다. 그런데 과거의 실상은 달랐다(이원재, 2001). 공개채용이라는 과거의 장점에도 불구하고 대부분의 인생은 과거제도에 매몰되면서 부작용을 양산했다. 박제가는 자기 시대를 과거제의 폐해가 극에 달했다고 인식한 듯하다

과거란 무엇인가? 인재를 뽑기 위한 것이다. 인재를 뽑는 이유는 무엇인가? 장차 그들을 쓰기 위한 것이다. 인재를 뽑을 때 문장을 기준으로 하는 것은 그의 문장 솜씨를 이용하기 위한 목적에서이다. 인재를 뽑을 때 활쏘기를 기준으로 하는 것이 그의 활솜씨를 이용하려는 것과 같은 이치이다. …… 현재 치르는 과거에서는 과체科體의 기예技藝를 통하여 인재를 시험하고 있다. 그런데 그 문장이란 것이 위로는 조정의 관각館閣에서도 쓸 수 없고, 임금의 자문에도 응용할 수 없을 뿐만 아니라, 아래로는 사실을 기록하거나 인간의 성정을 표현하는 데도 불가능한 문체이다. …… 또 문벌과 붕당을 따지는 차별의 문제가 있어 그로 인해 합격되기도 하고 불합격되기도 한다. 요행이 이러한 난관을 극복하고서 기용되는 자가 나온다면 그는 억세게 운이 좋은 사람이다. 이렇게 인재를 기용하는 방법이 누구나 짐작하듯이 외형에 있지 능력에 있지 않음을 알 수 있다. …… 과거 시험에 응시한 자들 가운데 누군가가 전혀 쓸모없는 자인 줄을 분명히 알면서도 그를 취할 수밖에 없는 경우가 있는데, 그것은 그자가 과거시험 문장에 능하기 때문에 그렇다. 과거시험장 밖에 있는 자들 가운데 어떤 사람이 정말 쓸모있는 인재인 줄 분명히 알고 있으면서도 그를 기용할 수가 없는데, 학문에 박식한 자나 기술이 출중한 자가 바로 그런 사람에 해당한다. 옛날의 과거는 인재를 취하려는 방법이었던 데 반하여 오늘날의 과거는 인재를 제한하려는 방법이 되고 있다(『北學議』 外篇 「科擧論」 I).

박제가는 당시의 과거제도가 지닌 오류를 크게 두 가지로 지적했다. 하나는 "과체科體의 기예技藝"로 인재를 선발하는 것이고, 다른 하나는 "문벌과 붕당에 따라" 합격 여부가 결정된다는 점이다.

먼저, "과체의 기예"가 왜 교육의 본질을 벗어났는가? 과체는 과거시험에 쓰는 문체이다. 과체의 기예에 따라 인재를 선발한다는 말은, 과거에서 주로 쓰이는 규격화한 글쓰기 테크닉을 잘 익히면 시험에 합격할 수 있다는 뜻이다. 그것은 박제가가 지적했듯이 "다소 똑똑한 사람이라면, 10여 일에서 한 달 정도만 과거에 쓰이는 문장을 공부해도 너끈히 합격할 수 있다(『北學議』 外篇 「科擧論」 II)." 현대적 의미에서 본다면, 판에 박힌 글쓰기, 혹은 정답이 뻔히 보이는 듯한 규격화 된 논술 시험이다. 즉 과거 시험이 요구하는 글의 형식을 파악하고 어느 정도의 논술 실력만 갖추면, 시험에 통과할 수 있다는 의미이다.

여기에서 교육적으로 문제가 되는 것은, 그런 과거 답안의 쓰임이다. 박제가는 한 마디로 그것을 아무짝에도 쓸모없는 것으로 인식한다. 위로는 조정과 임금의 자문諮問에 응할 수 있어야 하고, 아래로는 사실 기록이나 인간의 성정性情을 표현할 수 있어야 하는데, 그런 부분에서 전혀 유용성이 없다는 것이다. 관료는 현실에 산적한 문제를 해소할 수 있는 시무책時務策을 제시해야 한다. 따라서 현실을 꿰뚫어 보고 미래를 전망할 수 있는 혜안과 실력,

실용성을 겸비한 인재가 요구된다.

그런데 긴요한 문제는 건드리지 않고 현란한 문장 테크닉인 과체로 인재를 선발하고 있으니, 인재 선발의 본질을 상실한 것이다. 달리 말하면 교육과 결부된 과거제도가 교육내용과 과정을 충실히 이행하여 진정한 실력을 지닌 인재를 뽑아야 하는데, 그것은 뒤로 한 채 형식에 치우치고 있다는 것이다. 이런 상황이 지속되는 가운데, 박제가는 급기야 능력을 갖추지 못한 "유생儒生들을 도태시키라!"고 주장했다. 그리고 인재 선발의 새로운 모형을 제시한다.

> 혹자가 이렇게 물었다.
>
> "유생을 도태시키라고 당신이 주장하는 데, 유생들이 속수무책으로 물러날 이치가 있겠소?"
>
> 그런 질문이라면 나는 이렇게 답하겠소.
>
> "유생이 소속된 사문師門의 장에게 추천장을 갖추어 그의 문장과 행실이 과거시험에 충분히 응시할 자격이 있다고 보증하게 한다. 그 다음에 또 그가 거주하는 지방관에게 추천받은 사람 가운데 선발하여 서울로 올려 보내되, 엄격하게 사실 여부를 대조한다. 이를 마치면 경서經書를 강講하여 시험을 치러 여기에 합격하면 다시 고시관 앞에서 시험을 본다. 이상 네 가지 단계를 거친다면 무턱대고 시험을 보려고 덤비는 자가 거의 없을 것이다(進疏本『北學議』「汰儒」)."

박제가는 당시 과거 시험을 보는 유생儒生들을 대단히 불신不信한 듯하다. 얼마나 불신의 정도가 심했으면, 과거제도를 넘어선 새로운 관리 선발제도를 제시했겠는가?

현대적 의미에서 보면, 지도교수(혹은 소속 학장)의 추천, 대학총장(혹은 도지사)의 추천, 전공(경전) 시험, 최종 면접에 이르기까지 4단계의 엄격한 관문을 통과하여 진정한 실력을 인정받았을 때 관리가 될 수 있다. 이 과정을 자세히 살펴보면, 교육의 본령에 충실한 인재 선발 과정임을 확인할 수 있다. 왜냐하면 스승이나 학교장에게서 추천을 받는다는 것은 이미 학문성을 인정받은 것이고, 지방관에게 추천된다는 것은 인격적으로 그 지방의 모범이 된다는 의미이며, 나아가 전공(경서강독經書講讀)으로 실력을 확인하고 최종적으로 종합 평가를 통해 인재로 발탁되기 때문이다. 여러 부분에서 상이相異하긴 하지만, 이는 이익이 주장한 향거이선鄕擧里選제도, 즉 인재를 천거하는 방식과 약간 통한다. 현대의 주요 관료 선발에서, 여러 단계를 거치는 인사청문회, 혹은 인사검증제도를 시스템화한 듯하다.

이는 교육과정 자체에 무게 중심을 두고, 평소에 교육과 학문을 어떻게 행하고 있느냐의 문제와 연관된다. 다시 말하면 일상에서의 교육과 학문을 중요시하는 자세이다. 그러기에 일상에서의 학문에 충실한, 과거 시험의 형식을 벗어난 진정한 인재 선발 방법으로 다음과 같이 제시하기도 했다.

> 진정한 인재를 얻으려면 반드시 뜻하지 않는 방법으로 불시에 그 인재를 시험해야 하며, 또 버림받은 많은 인재 가운데서 인재를 선발해야만 한다(『北學議』 外篇 「科擧論」 II).

유학은 근원적으로 일상이라는 생활공간에서 삶의 건강함을 추구한다. 그것은 일용인륜日用人倫을 실천하는 작업이다. 교육은 그런 생활공간에서 이루어지는 삶의 과정이다. 특히 공자 이래로 충忠과 신信을 바탕으로, 자기 충실과 타자에 대한 배려를 실천하는 작업이 공부의 본질이 되었다(신창호, 2004c). 그것이 평소에 닦여졌다면, 자기충실은 정덕正德을 갖추는 바탕이 되고, 타자 배려는 이용利用・후생厚生의 구현으로 드러난다. 이른바 혈구絜矩와 충서忠恕의 도道를 터득한 인재가 되는 것이다.

다음으로 박제가는 문벌과 붕당에 따라 합격 여부가 결정되는 폐단을 비판하였다. 과거 합격자는 기본적으로 응시자의 재능이나 답안의 우수함에 의거해야 한다. 그런데 심한 경우에는 봉해 놓은 응시자의 이름을 미리 뜯어보고 문벌에 따라 합격시키는 짓을 예사로 행하였다. 그것은 문벌이 높고 정권을 장악한 당파의 자손은 실력이 없어도 합격되고 그렇지 않은 사람의 자손은 아무리 실력이 있고 우수해도 낙방할 수밖에 없음을 의미한다(신용하, 2004). 사회경제적 지위에 따른 교육재생산이라고나 할까!

이에 박제가는 선비를 시험하는 내용을 비판하며, 오직 실력과 재능, 덕행에 의거하여 인재를 뽑는 대안을 제시했다. 이것은 교육의 본질을 회복하는 작업과 관련된다.

> 세상에는 도덕이 높은 선비도 있고, 문학에 뛰어난 선비도 있으며, 좋은 기술 한 가지를 갖춘 선비도 있습니다. 그렇다면 오늘날 선비의 관을 쓰고, 선비의 옷을 입고서 허우적대며 책을 끼고 다니는 사람들이 과연 이러한 재능을 모두 갖추고 있는지를 시험하겠습니까? 아니면 그 가운데 한 가지 재능만을 골라 시험하겠습니까? …… 공령문功令文[과거를 볼 때 쓰는 문장]이라는 껍데기로 한 개인의 내면에 온축한 포부를 점치고, 들뜨고 허황된 상투어로 천하의 문장을 구속하며, 한 순간의 잘잘못으로 평생의 진퇴를 결정하는 것이 바로 오늘날의 시험입니다. …… 선비를 시험하는 명목은 옛날과 같지만 선비를 시험한 효과는 다르고, 선비를 시험하는 의의는 같지만 선비를 시험하는 방법은 제각기 다릅니다. …… 경전에 보이는 것으로는 "그가 쓸 만한 사람인지를 시험해보고 사람을 물리쳐라"라고 한 글이 『상서尙書』에서 요임금을 묘사한 글에 나오고, 네 가지 과목[德行, 言語, 政事, 文學]으로 인재를 취한다는 표준은 『논어』에 실려 있습니다(『北學議』 外篇 「丁酉增廣試士策」).

박제가가 인재를 선발해야 한다는 기준은 "도덕성"과 "학문", "기술을 갖춘 선비"이다. 이 셋을 겸하면 말할 나위 없이 좋고, 그렇지 못하다면 한 가지라도 실력 있고 재능 있는 선비를 뽑아야 한다. 여기에서 제대로 된 선비를 양성하는 교육의 본질은 도덕성과 학문적 재능, 기술적 측면을 두루 갖춘 존재이다. 도덕과 지식과 기술[방법]의 체득! 그것이 다름 아닌 정덕正德을 지닌 인간의 상징이다. 그러기에 교육은 정덕正德을 본질로 한다. 여기에서 기술 부분을 따로 떼어 논의할 경우, 실용성과 전문성을 중심으로 하는 이용후생利用厚生의 테크닉으로 이해할 수도 있다.

2. 실용성과 전문성을 겸비한 테크네 교육

박제가는 과거제 비판을 통해 인재 선발의 문제를 제기하면서, 교육의 본질과 관련된 나름대로의 교육정신을 피력했다. 그 방법론적 구현은 기술 터득을 강조하는 방향으로 나아간다. 즉 과학기술의 중요성과 그것의 체득을 선언적으로 제시한 것이다. 이는 엄밀히 말하면, 선진 과학기술의 도입과 실용화를 주창한 것으로, 기술교육의 구체적 방법을 보여주는 것은 아니다. 그러나 분명한 사실은 실용성과 전문성을 겸비한 교육받은 사람을 갈구했다는 점이다.

『북학의北學議』에는 수레, 배, 기와, 벽돌, 교량, 농기구, 목축 등 다양한 과학기술의 도입과 사용을 통해, 인간의 생활을 넉넉하게 만들려는 노력이 돋보인다. 즉 잘삶의 조건을 갖추기 위한 구체적 방안을 제시한다. 앞에서 다루었던 삼사三事를 실현하기 위한 핵심으로, 과학기술의 문제를 중심에 둔 것이다. 이 때 과학기술은 다름 아닌 현실 생활의 실용성을 담보하는 전문성을 요하는 테크네이다. 그런데 박제가는 조선에서 이런 교육이 부실한 원인을 다음과 같이 진단했다.

> 우리나라 사람들은 아침에 저녁때의 일조차 걱정하지 않는다. 그 결과 온갖 기예技藝가 황폐해져 날마다 해야 할 일이 번잡하게 놓여 있다. 백성들은 그로 인해서 일정하게 지키는 의지가 없고, 나라는 그로 인해 변치 않고 유지되는 법이 없다. 그 근본적인 원인은 모두 고식적인 대처에서 나온 것이다. 고식적인 대처가 백성을 곤궁하게 만들고 국가의 재정을 고갈시키는 해악을 끼쳐 나라가 나라꼴이 아닌 상태로 전락되었다는 사실을 전혀 모르고 있다(『北學議』 內篇 「甓」).

박제가의 진단에서 주목할 부분이 있다. 바로 기예技藝의 황폐에 대한 고식적인 대처이다. 즉 과학기술 문명의 낙후는 전문적인 과학기술 교육을 도외시한데 근본 원인이 있다는 것이다(전윤준,

1997: 27~28). 이런 상황을 인식한 이후, 박제가는 선박 제조 기술, 병기 제작, 농기구 개량을 비롯한 농업 기술, 축산업, 잠업 등 민생의 여러 분야에 대한 실용적이고 전문적인 개혁을 주장하였다. 그리고 전문적인 교육을 위해 서양인들을 직접 초빙하는 방안도 검토하였다.

> 중국의 흠천감欽天監에서 역서曆書를 만드는 서양 사람들은 모두 기하학에 밝고 이용후생利用厚生의 학문과 기술에 정통하다고 들었습니다. 국가에서 관상감觀象監의 한 부서의 비용으로 그 사람들을 관상감에 근무하게 하고, 나라의 우수한 인재를 그들에게 보내 천문과 그 운행, 종률鍾律[음률]·의기儀器[천제 관측 기구]의 도수度數를 비롯하여 농잠農桑, 의약醫藥, 자연재해, 기후의 진리, 그리고 벽돌의 제조, 가옥과 성곽·교량의 건축, 구리와 옥의 채광, 유리 굽는 방법, 수비용 화포 설치법, 관개법, 수레 통행법, 선박 건조법, 벌목법, 바위 운반법, 무거운 것을 멀리 운반하는 방법 등을 학습하도록 조치하십시오. 그렇게 한다면 몇 년 지나지 않아 나라를 다스리는 데 알맞게 쓸 인재가 배출될 것입니다 (『北學議』 外篇 「丙午所懷」).

1786년 정조에게 올렸던 이 상소문이 어느 정도 정책에 반영되었는지 분명하지 않다. 그러나 박제가의 이용후생利用厚生에 대한 관심이 어느 정도인지 짐작할 수 있다. 특히 외국인 교사를 초빙하여 교육하려는 의지는 과학기술 교육과 그 효과에 대한 확신의 반영이다. 마치 21세기 국제화, 지식이 강조되는 시대에 과학기술 교류를 연상케 한다.

과학기술의 중요성과 더불어 박제가가 중요한 의미를 부여한 것은 외국어[通譯] 교육이다. 특히 관료들이 중국어[漢語]를 터득하여 선진 문물을 직접 이해하고 도입하는 작업을 통해, 나라가 부강하기를 바랐다.

> 중국어는 문자의 근본이다. …… 역대의 임금님께서는 중국어를 익히도록 명을 내리셔서 조회朝會를 하는 자리에서 우리말의 사용을 금하는 팻말을 설치하기도 하셨고, 백성들에게는 중국말로 소송에 임하도록 하기도 하셨다. 이러한 시책이 단순히 외교사절 사이의 통역에 필요해서 그런 것이겠는가? 나의 생각으로는 장차 큰일을 하고자해서 그런 것이었다(『北學議』 內篇 「漢語」).

박제가는 외국어 교육을 외교적 통역의 차원을 넘어서 생각하고 있다. 즉 "큰일"을 하기 위한 도구로서 중국어 터득을 요청한다. 이때 큰일이란 중국 전통의 한문 문명과 당시 중국에 도입되어 있던 서양의 과학 기술 문명을 배워 조선을 부강한 국가로 만드는 것이었다(장우석, 1989: 18~20).

문제는 당시 사대부들의 자세였다. 청나라가 들어선 이후로, 중국어는 오랑캐 문자로 인식되면서 외면당하고, 관료들은 외교사절로 나가더라도 모조리 통역을 역관에게 맡겨 버렸다. 박제가는 모든 것을 통역관에게 맡겼을 때, 국가의 이익과 안위 문제를 고민했다. 여기에 또 다른 외국어 교육의 목적이 숨어 있다.

> 사정이 이렇다보니 …… 역관이 이러저러하다고 하면 그대로 따를 수밖에 없다. …… 통관이 뇌물을 요구하면 역관들은 그들의 조종을 달게 받는다. …… 혹시라도 저들의 마음에 들지 않을까 벌벌 떤다. …… 또 사신을 해마다 새로 파견하기 때문에 사신으로 가는 일이 해마다 생소하다. 다행스럽게도 평화로운 시절이라 서로 관련된 기밀이 없으므로 역관들에게 통역을 맡기더라도 별다른 큰 사건이 발생하지 않는다. 하지만 불의의 전란이라도 발생한다면 팔짱을 낀 채 역관의 입이나 쳐다보고 있을 수 있겠는가? 사대부가 이러한 문제에 대해 생각한다면, 단지 중국어를 익히는 데만 그쳐서는 안 된다. 만주어나 몽고어, 일본어까지도 배워야만 수치스런 일이 발생하지 않을 것이다(『北學議』 內篇 「譯」).

박제가의 외국어 교육에 대한 사고는 선진 문화의 도입에만 국한되지 않는다. 국가 안보의 문제에까지 연결시키는 애국주의적 방식에서 논의되고 있다. 이런 점에서 그의 혜안이 돋보인다. 박제가가 현대 글로벌 시대를 예측한 것은 아니다. 그러나 외국과의 교류가 활발한 만큼 그들의 문화를 명확하게 파악하기 위한 수단으로서 외국어 교육을 강조한 점은, 국제화의 중심에 있는 21세기 초두에도 시사하는 바 크다.

박제가는 과학 기술과 외국어 교육 외에도 상업 유통과 관련된 경제, 군사, 의약, 위생, 정서교육 등 다양한 방면의 교육을 제기하였다. 그것은 궁극적으로 민생의 안정과 국가부강과 연관되는 전문적이고 실용적인 내용이라는 데 특색이 있다.

Ⅳ. 결어

피터 드러커(Peter. F. Drucker)는 21세기를 지식 사회(knowledge society)라고 단언했다. 이때의 지식은 일반적인 지식이 아니라 전문화 과정을 거친 지식이다. 산업혁명 이후 생산성 혁명과 경영혁명을 거쳐 지식이 사회의 중심이 되면서, 일차원적 지식은 다차원적으로 변해왔다. 그러기에 드러커는 이렇게 주장한다.

> 지금 우리가 지식으로 간주하고 있는 "지식"은 행동을 통해 스스로를 증명한다. 우리가 지식이라고 말할 때, 그것이 의미하는 것은 행동을 하는 데 효과가 있는 정보이고, 결과에 초점을

> 맞춘 정보이다. 그 결과들은 개인의 내면이 아니라 "외면"에 드러난다. 사회적으로 그리고 경제적으로 나타나며, 혹은 지식 그 자체의 진보로도 나타난다. 어떤 일을 성취해내기 위해 필요한 지식은 고도로 전문화된 지식이다. 이것이 바로 전통적인 지식[고대로부터 지금까지도 "교양 교육"으로 남아 있는]이 그 지위를 "테크네(technē)" 또는 기능에 물려주게 된 이유이다. 과거의 기능은 배울 수도 없었고 가르칠 수도 없었다. 뿐만 아니라 그것은 일반적인 원리를 전혀 내포하고 있지 않았다. 그것은 구체적이었고 전문화 되었다. 그것은 학습보다는 경험을 통해, 학교 교육보다는 훈련을 통해 얻어질 수 있는 것이었다. 물론 오늘날에는 이러한 전문화된 지식을 과거처럼 기능이라고 부르지 않는다. 이제 우리는 체계적인 전문지식을 "원리"라고 부른다. …… 일반지식에서 전문지식에로의 이동은 지식에 새로운 사회를 창조할 수 있도록 힘을 부여해 주었다. 이 새로운 사회는 전문화된 지식에 기초하여 건설되어야 하며, 전문가로서의 지식을 가진 사람들로 구성되어야 한다(Peter. F. Drucker, 2001: 63~64).

이 인용문은, 조선 후기 박제가의 교육적 사고를 더듬어 보는 자리에서는, 왠지 낯설게 보일 수 있다. 더구나 결론 부분에서 왜 이런 내용을 다시 삽입하는가? 지금까지 논의한 내용을 요약하고 그 의의와 한계점을 지적하면 될 것이지. 우리는 박제가의 교육적 사유를 단순히 "실학적"이라거나 "근대성", 혹은 "이용후생"의 강조 차원을 넘어서, 현대적으로 의미부여할 필요가 있다. 그래야만 그의 개혁 의지가 구체적이고 의미 있게 드러난다.

조금만 심사숙고해 보면, 지금까지 단편적으로 살펴보았던, 박제가가 지향하는 인간의 모습과 교육의 본질이 피터 드러커가 지적하는 것과 상당히 닮아 있음을 발견할 수 있다. 지식사회를 대표하는 교육받은 사람(educated person)은 전문적 직업 훈련을 받았거나 고도의 전문지식을 갖춘 전문인을 의미한다.

이는 박제가가 그토록 강조했던 과학 기술의 도입 및 실용화를 실천할 인간과 동일한 맥락이다. 교육받은 지식인들은 17, 18세기적 상황이건 21세기적 상황이건, 시대정신에 충실하며, 당대 삶의 근본을 인식한 일하는 존재이다. 그것이 정덕正德과 통한다. 또한 실용성과 전문성을 겸비한 테크네의 터득자로서 이용후생利用厚生을 실천한다.

총괄해 보건대, 박제가는 인간의 삶을 근본적으로 고민한 사상가이다. 그러기에 이용利用과 후생厚生을 현실적 삶의 담보로 정덕正德을 보존하고, 세 가지의 조화를 고려한다. 동시에 과거제라는 인재 선발의 비효율성을 비판하면서 교육과 학문의 본질을 암시했다. 그것은 도덕성과 학문, 기술을 갖춘 인간 양성이다.

다시 말하면, 도덕적 인간, 지식을 갖춘 인간, 테크닉을 지닌 인간이다. 이는 실용성과 전문성을 갖춘 테크네의 구유를 통해 완결

된다. 이런 점에서 볼 때, 박제가는 17, 18세기에 이미 지식 사회의 대두를 예견한 셈이다. 추사는 바로 이런 스승의 "실학"을 이어 받았으리라.

주

1) 「中庸章句」: 始言一理, 中散爲萬事, 末復合爲一理, 放之則彌六合, 卷之則退藏於密, 其味無窮, 皆實學

2) 추사의 철학·사상이나 학문·교육론을 다룬 대표적인 연구물로는 전해종(1963), 「청대학술과 완당」, 『대동문화연구』 제1집, 서울: 성균관대; 김길환(1974), 「김추사의 주역관과 실학사상」, 『백제연구』 제5집, 충남대; 서경요(1979), 「완당사상의 실학적 특징」, 『전주대논문집』 제8집; 이선경(1991), 「완당 김정희의 실사구시 연구」, 한국학대학원 석사논문; 고재욱(1993), 「김정희의 실학사상과 청대고증학」, 『태동고전연구』 제10집, 태동고전연구소; 남상락(1995), 「김정희의 철학사상과 예술론 고찰」, 『대동문화연구』 제30집, 성균관대; 정재훈(2002), 「청조 학술과 조선 성리학」, 『추사와 그의 시대』, 돌베개; 지두환(2002), 「추사 김정희의 역학사상」, 『추사와 그의 시대』, 돌베개; 하대식(2002), 「추사 김정희의 실학사상에 나타난 교육철학적 특성」, 경성대 교육대학원 석사논문; 김혜숙(2004), 「추사의 문장에 침윤된 추사의 학문」, 『추사연구』 창간호, 추사연구회 등이 있다.

3) 교육사상 쪽의 논문으로는 하대식의 앞의 논문과 이문원(2002), 「김정희」, 『한국의 교육사상가』, 서울: 문음사; 김태오(2003), 「추사의 실사구시설의 교육철학적 논의」『실사구시 교육철학』, 서울: 교육과학사; 신창호(2004a, 2005a, 2005b, 2005c), 「추사 김정희의 공부론」, 『동양고전연구』 제21집, 동양고전학회; 「추사 김정희의 實事求是 교육관」, 『한국교육사학』 제27권 제1호, 한국교육사학회; 「추사 김정희의 인간관과 교육과정론」, 『교육문제연구』 제23집, 고대교육문제연구소; 「추사의 인간성 이해와 자질함양론」, 『추사연구』 제2호, 추사연구회가 대표적이다. 하대식의 논문은 기존의 실학 관련 내용을 정리한 것으로 구체적이고 엄밀한 교육철학적 특징을 연구한 것으로 보기 힘들고, 이문원의 글은 추사의 실학사상을 교육학적으로 소개한 것으로 의미가 있으며, 특히 추사의 실사구시 교육관을 "직접적 실천"으로 규정

한 점에서 시사하는 바가 크다. 김태오의 논문은 실사구시설을 구체적으로 분석하고 교육철학적으로 검토한 작업으로 깊이가 있다. 특히 실사구시의 교육적 지향으로 "도덕적 실천교육", "격조 높은 정신의 계발"을 들고 있고, 실사구시적 학문방법론으로 "객관적 합리성의 원리", "박학의 원리", "비판적 자기반성의 원리"를 제시하였다. 김태오의 경우, 상당히 현대적 시각을 취하려고 노력했으나 해석의 근거가 엄밀하지 못한 한계를 지니고 있다. 신창호의 논문은 추사의 공부론, 인간관, 자질함양 및 교육과정, 실사구시의 교육관을 조명한 것으로, 유학의 본령에서 추사의 실제적 교육관을 찾으려는 시도를 하고 있다.

4) 自是以來, 俗儒記誦詞章之習, 其功倍於小學而無用, 異端虛無寂滅之教其高過於大學而無實. 其他權謀術數, 一切以就功名之說, 與夫百家衆技之流, 所以惑世誣民, 充塞仁義者, 又紛然雜出乎其間, 使其君子, 不幸而不得聞大道之要, 其小人不幸而不得蒙至治之澤, 晦盲否塞, 反覆沈痼, 以及五季之衰而壞亂極矣.

5) 子路問 君子, 子曰, 修己以敬, 曰, 如斯而已乎. 曰, 修己以安人. 曰, 如斯而已乎. 曰, 修己以安百姓, 堯舜, 其猶病諸.

6) 坤卦, 文言 敬以直內, 義以方外.; 需卦, 象 敬愼不敗也.; 離卦, 爻辭 : 敬之無咎.

7) 程子曰, 發於外者謂之恭, 有諸中者謂之敬.

8) 恭爲謙.

9) 身體嚴整, 容貌端裝, 此是恭底意. 但恭是敬之見於外者, 敬是恭之存於中者, 敬與恭, 不是二物. 如形影. 恭主容, 敬主事. 有事著心做, 不易其心, 而爲之是敬. 恭形於外, 敬主於中, 自誠身而言, 則恭較緊, 自行事而言, 則敬爲切.

10) 敬事而信; 居處恭, 執事敬, 與人忠.; 責難於君, 謂之恭. 陳善閉邪, 謂之敬; 敬人者, 人恒敬之; 恭敬者, 之未將者也.

11) 之其所畏敬而辟焉; 齋莊中正, 足以有敬也.

12) 程子於此, 嘗以主一無適言之矣. 嘗以整齊嚴肅言之矣. 謝氏之說, 則又有所謂常惺惺法者焉. 尹氏之說, 則又有所謂其心收斂不容一物者焉.

13) 敬字工夫, 乃聖門第一義, 徹頭徹尾, 不可頃刻間斷.

14) 雖然三代之學, 皆以實也. 實者道義也, 德行也. 實正而名無不正. 降至孟子之世, 尙患其名之不明也, 故孟子已原其本也. 曰性善, 曰存心養性是也.

15) 性無不善, 而有不善子才也. 性卽是理, 理則自堯舜至於塗人, 一也. 才稟於氣, 氣有淸濁. 稟其淸者爲賢, 稟其濁者爲愚.

16) 若夫爲不善, 非才之罪也. (註) 才猶材質, 人之能也. 人有是性, 則有是才, 性旣善, 則才亦善,; 欲罷不能, 旣竭吾才, 如有所立卓爾; 『易』 「繫辭」下에 나오는 "有天道焉, 有地道焉, 有人道焉, 兼三才而兩之"의 경우, "能生生不息者曰才"로 이해하기도 한다. 高樹藩, 『正中形音義綜合大字典』(臺北: 正中書局, 1974), 32면 참조.

17) 天之降才, 初無南北貴賤之異, 其所以有成不成者, 何也

18) 子曰, 性相近也, 習相遠也.

19) 有敎無類.

20) 一氣之源, 湛然淸虛, 惟其陽動陰靜, 或升或降, 飛揚紛擾, 合而爲質, 遂成不齊. 物之遍塞, 則更無變化之術, 惟人, 則雖有淸濁粹駁之不同, 而方寸虛明, 可以變化. 故孟子曰, 人皆可以爲堯舜, 豈虛於哉. 氣淸而質駁者, 知行不勉而能, 無以尙矣. 氣淸而質駁者, 能知而不能行, 若勉於躬行, 必誠必篤, 則行可立, 而柔者强矣. 質粹而氣濁者, 能行而不能知. 若勉於問學, 必誠必精, 則知可達, 而愚者明矣.

21) 剛善, 爲義, 爲直, 爲斷, 爲嚴毅, 爲幹固, 惡, 爲猛, 爲隘, 爲强梁. 柔善, 爲慈, 爲順, 爲巽, 惡, 爲懦弱, 爲無斷, 爲邪佞.

22) 朱子曰, 已之私, 有三, 性質之偏, 一也. 耳目鼻口之欲, 二也. 人我忌克之私, 三也.

23) 凡人兒時, 多慧裁識書名, 父師迷之, 以傳注帖括, 不得見古人縱橫浩渺之書, 一食其塵, 不復可鮮. 乃幸爲諸生, 困末敏達蹭蹬, 出沒於較試之場, 久之氣色微落, 何暇議尺幅之外哉

24) 人雖有才, 亦視其所生, 生于隱屛寂寞之濱, 山川人物, 居室遊御, 鴻顯高莊, 幽奇怪俠之事, 未有覩焉. 神明無所練濯, 胷腹無所厭餘, 耳目旣吝, 手足必蹇.

25) 使人才力頓盡, 可爲悲傷者, 往往如是也. 故拘儒老生, 不可無文, 耳多未聞, 目多未見, 而出其鄙委牽拘之識, 相天下之文, 寧復有文乎

26) 文之妙, 不在步趨, 形似之間, 自然靈氣, 恍惚而來, 不思而至, 恠恠奇奇, 莫何名狀.

27) 子曰, 吾十而有五而志于學, 三十而立, 四十而不惑, 五十而知天命, 六十而耳順, 七十而從心所欲不踰矩.

28) 古者, 十五而入大學. 心之所之, 謂之志, 此所謂學, 卽大學之道也, 志乎此則念念在此, 而爲之不厭矣.

29) 子曰, 志於道, 據於德, 依於仁, 遊於藝.

30) 道則人倫日用之間, 所當行者, 是也. … 德則行道, 而有得於心者也. … 仁則私欲盡去, 而心德之全也. … 藝則禮樂之文, 射御書數之法, 皆至理所寓, 而日用之不可闕者也.

31) 道者, 只是日用當然之理. 事親必要孝, 事君必要忠, 以至事兄而弟, 與朋友交而信, 皆是道也.

32) 德是得這物事於我, 故事親必孝, 必不至於不孝, … 若今日孝, 明日又不孝, … 是未有德於我, 不可謂之德.

33) 工夫至此, 而無終食之違, 則存養之熟, 無適而非天理之流行矣.

34) 愛人; 忠恕; 克己復禮.

35) 居處恭, 執事敬, 與人忠; 仁者, 先難而後獲, 可謂仁矣; 己欲立而立人, 己欲達而達人; 恭寬信敏惠.

36) 遊者, 玩物適情之謂. 胡氏曰: 道德仁所當先, 藝可以少後.

37) 今夫適千里者, 必先辨其徑路之所在, 然後有以爲擧足之地.

38) 皆學莫先於立志, 志道則心存於正而不他, 據德則道得於心而不失, 依仁則德性常用, 而物欲不行, 遊藝則小物不遺, 而動息有養, 學者於此, 有以不失其先後之序, 輕重之倫焉則本末兼該, 內外交養, 日用之間, 無少間隙而涵泳從容, 忽不自知其入於聖賢之域矣.

39) 所謂學問者, 亦非異常別件物事也. 只是爲父, 當慈, 爲子, 當孝, 爲臣, 當忠, 爲

夫婦, 當別, 爲兄弟, 當友爲少者, 當敬長, 爲朋友, 當有信, 皆於日用動靜之間, 隨事各得其當而已, 非馳心玄妙, 希覬奇效者也.

40) 初學, 先須立志, 必以聖人自期, 不可有一毫自小退託之念. 蓋衆人與聖人, 其本性則一也. 雖氣質不能無淸濁粹駁之異, 而苟能眞知實踐, 去其舊染而復其性初, 則不增毫末而萬善具足矣, 衆人豈可不以聖人自期乎! 故孟子道性善, 而必稱堯舜以實之, 曰人皆可以爲堯舜, 豈欺我哉

41) 當其出門而行, 固倀倀何之, 必詢於識道之人. 迨其人告以正大之路, 又細指其邪徑之不可由者, 懇懇然以爲由其邪, 必入於荊棘, 由其正, 必得其歸. 人之爲言, 可謂盡心矣.

42) 先覺覺後覺, 闇者求於明, 而師道立矣.

43) 漢儒于經傳訓詁, 皆有師承, 備極精實. 至于性道仁義等事, 因爾時人人皆知, 無庸深論故, 不多加推明. 然偶有注釋, 未嘗不實事求是也.

44) 師術有四, 而博習不與焉. 尊嚴而憚, 可以爲師. 耆艾而信, 可以爲師. 誦說而不陵不犯, 可以爲師. 知微而論, 可以爲師.

45) 古之學者, 必有師. 師者, 所以傳道授業解惑也. 人非生而知之者. 孰能無惑. 惑而不從師, 其爲惑也. 終不解矣. 生乎吾前, 其聞道也, 固先乎吾, 吾從而師之. 生乎吾後, 其聞道也, 亦先乎吾, 吾從而師之. 吾師道也. 夫庸知其年之先後生於吾乎. 是故無貴無賤無長無少. 道之所存, 師之所存也.

46) 博學之, 審問之, 愼思之, 明辯之, 篤行之. 有弗學, 學之, 弗能, 弗措也. 有弗問, 問之, 弗知, 弗措也. 有弗思, 思之, 弗得, 弗措也. 有弗辨, 辨之, 弗明, 弗措也. 有弗行, 行之, 弗篤, 弗措也. 人一能之, 己百之, 人十能之, 己千之.

47) 不憤不啓, 不悱不發, 擧一隅不以三隅反, 則不復也.

48) 夫聖賢之道, 在于躬行, … 博學篤行, 專主實事求是一語行之可矣.

49) 而多疑者, 遲遲不敢信也, 復問之一人, 又復問之一人, 至其傍人之以誠居心者, 幷不俟問, 而盡擧其塗之曲折, 陣之我前, 惟己之或誤, 至於人人皆同一言, 此亦可以篤信而奔趨恐後矣. 彼有生疑, 謂吾不敢從人人所共是者, 其所共非者, 吾又不知其果非也. 吾須歷試之, 卒致入於坎臼而莫救也. 卽使終覺其迷而反之, 亦虛廢時歲, 勞耗心力, 有日不暇給之憂, 何如卽人之所明白曉示而力行之, 爲收功之

易也.

50) 故曰格物者, 至止于事物之謂也. 凡家國天下五倫之事, 無不當以身親至其處而履之, 以止于至善也. 格物與止至善知止知于仁敬等事, 皆一義, 非有二解也. 聖賢之道, 無非實踐, 而皆實事求是之義也. 이 외에도 「理文辨」이나 「學術辨」에서도 엿볼 수 있다.

51) 漢書河間獻王傳云, 實事求是, 此語, 乃學問最要之道. 若不實以事, 而但以空疎之術爲便, 不求其是, 而但以先入之言爲主, 其于聖賢之道, 未有不背而馳者矣.

52) 述而不作, 信而好古…….

53) 溫故而知新, 可以爲師矣.

54) 漢儒于經傳訓詁, 皆有師承, 備極精實. 至于性道仁義等事, 因爾時人人皆知, 無庸深論故, 不多加推明. 然偶有注釋, 未嘗不實事求是也. 自晉人講老莊虛無之學, 便成于惰學空疎之人, 而學術一變, 至佛道大行, 而禪機所悟至流于支離, 不可究詰之境, 而學術又一變. 此無他, 與實事求是一語, 盡相反而已. 兩宋儒者, 闡明道學, 于性理等事, 精而言之, 實發古人所未發. 惟陸王等派, 又蹈空虛, 引儒入釋, 更甚于引釋入儒矣.

55) 人生斯世, 非學問, 無以爲人. 所謂學問者, 亦非異常別件物事也, 只是爲父當慈, 爲子當孝, 爲臣當忠, 爲夫婦當別, 爲兄弟當友, 爲少者當敬長, 爲朋友當有信, 皆於日用動靜之間, 隨事各得其當而已.

56) 원문에는 '周公'으로 되어 있는데, 이는 '周孔'의 誤記라고도 한다. 그러나 공자가 이전까지의 성현의 도를 집대성하므로 내용상 의미는 크게 달라지지 않는다.

57) 竊謂, 學問之道, 旣以堯舜禹湯文武周公爲歸, 則當以實事求是, 其不可以虛論遁于非也.

58) 學者, 尊漢儒精求訓詁, 此誠是也. 但聖賢之道. 譬若甲第大宅, 主者所居, 恒在堂室. 堂室, 非門逕不能入也, 訓詁者, 門逕也. 一生奔走于門逕之間, 不求升堂入室, 是廝僕矣. 故爲學, 必精求訓詁者, 爲其不誤于堂室, 非謂訓詁畢乃事也. 漢人, 不甚論堂室者, 因彼時門逕不誤, 堂室自不誤也. 晋宋以後, 學者務以高遠尊孔子, 以爲聖賢之道, 不若是之淺近也. 乃厭薄門逕而弁之, 別于超妙高遠處求之. 于是乎, 攝空騰虛, 往來于堂奝之上, 窓光樓影, 測度于思議之間, 究之奧戶, 屋漏未之親見也. 又或棄故喜新, 以入甲第, 爲不若是之淺且易, 因別開門逕, 而爭入之, 此言室中幾楹, 彼辨堂上幾棟, 校論不休, 而不知其所說, 已誤入西隣之乙第矣. 甲第主者, 哦然笑曰, 我家屋不爾爾也.

59) 夫聖賢之道, 在于躬行, 不尙空論, 實者當求, 虛者無據, 若索之杳冥之中, 放乎空闊之際, 是非莫辨, 本意全失矣. 故爲學之道, 不必分漢宋之界, 不必較鄭王程朱之短長, 不必爭朱陸薛王之門戶. 但平心靜氣, 博學篤行, 專主實事求是一語行之可矣.

60) 學問之道, 無他, 求其放心而已矣.

61) 學必有序, 故自灑掃應對進退而往, 皆序也. 由近以及遠, 自粗以至精, 學之方也. 如過千里者, 雖步步踏實, 亦須循次而進, 今欲闊步一蹴而至, 有是理哉. 自欺自誤而已.

62) 未知生, 焉知死.

63) 凡心之刑, 自充自盈, 自生自成. 其所以失之, 必以憂樂喜怒欲利. 能去憂樂喜怒欲利, 心乃反濟. 彼心之情, 利安以寧, 勿煩勿亂, 和乃自成.

64) 精氣爲物 …….

65) 精存自生, 其外安榮, 內藏以爲泉原, 浩然和平, 以爲氣淵. 淵之不涸, 四體乃固. …… 敬發其充, 是謂內得. 然而不反, 此生之忒.

66) 不憤不啓, 不悱不發, 擧一隅不以三隅反, 則不復也.

67) 博學而篤之, 切問而近思, 仁在其中矣.

68) 博學之, 審問之, 愼思之, 明辯之, 篤行之. 有弗學, 學之, 弗能, 弗措也. 有弗問, 問之, 弗知, 弗措也. 有弗思, 思之, 弗得, 弗措也. 有弗辨, 辨之, 弗明, 弗措也. 有弗行, 行之, 弗篤, 弗措也. 人一能之, 己百之, 人十能之, 己千之.

69) 이 글은 동양고전학회, 『東洋古典研究』 제23집(2005. 12), 73~98쪽에 발표한 것을 수정 보완하였다.

참고문헌

『阮堂先生全集』

『국역 완당전집』(1995). Ⅰ,Ⅱ,Ⅲ. 서울: 민족문화추진회.

『秋史集』. 최완수 역주(1976). 서울: 현암사.

『秋史 金正喜 詩 全集』. 홍찬유 감수. 정후수 역(1999). 서울: 풀빛.

『北學議』

『北學議』. 안대회 옮김(2003). 서울: 돌베개.

『궁핍한 날의 벗』. 안대회 옮김(2000). 서울: 태학사.

『擊蒙要訣』, 『管子』, 『論語』, 『孟子』,
『書經』, 『性理大全』, 『周易』, 『中庸章句』, 『通書』,
『大學章句』, 『大學或問』, 『朱子語類』, 「師說」, 『聖學十圖』, 『聖學輯要』,
『列女傳』, 『河南程氏遺書』, 『學記圖』

高樹藩(1974). 『正中形音義綜合大字典』. 臺北: 正中書局.

고재욱(1993). 「김정희의 실학사상과 청대고증학」. 『태동고전연구』 제10집. 태동고전연구소.

과천문화원(2004). 『추사글씨 탁본전』. 과천: 과천문화원.

과천문화원(2005). 『붓 천 자루와 벼루 열 개를 모두 닳아 없애고-추사의 작은 글씨』. 과천: 과천문화원.

과천시 · 경기문화재단(2006). 『추사 글씨 귀향전-후지츠카 기증 추사

자료전』. 과천: 과천문화원.

금장태(1987). 『韓國實學思想研究』. 서울: 집문당.

김길환(1974). 「김추사의 주역관과 실학사상」. 『백제연구』 제5집. 대전: 충남대.

김낙진(2005). 「命」. 이동철 외 엮음. 『21세기의 동양철학』. 서울: 을유문화사.

김용옥(1990). 『讀氣學說』. 서울: 통나무.

김인규(1999). 「北學思想研究」. 성균관대 박사논문.

김인규(2005). 「추사 김정희의 학문관」. 동양고전학회 학술대회 자료집 『추사 김정희의 종합적 연구』 II.

김충렬(1990). 『中國哲學散稿』II. 청주: 온누리.

김태오(2003). 「추사의 실사구시설의 교육철학적 논의」 『실사구시 교육철학』. 서울: 교육과학사.

김학주(1988). 『孔子의 生涯와 思想』. 서울: 명문당.

김혜숙(2004). 「추사의 문장에 침윤된 추사의 학문」. 『추사연구』 창간호. 과천: 추사연구회.

남상락(1995). 「김정희의 철학사상과 예술론 고찰」. 『대동문화연구』 제30집. 서울: 성균관대.

동양고전학회(2004). 학술대회 자료집 『추사 김정희의 종합적 연구』.

方立天(1998). 『중국철학과 인성의 문제』. 박경환 옮김. 서울: 예문서원.

森三樹三郎(1986). 『중국사상사』. 임병덕 옮김. 충주: 온누리.

서경요(1979). 「완당사상의 실학적 특징」. 『전주대논문집』 제8집. 전

주: 전주대.

서근식(2006). 『朝鮮後期 實學派의 『周易』 解釋方法論 硏究』. 성균관대 박사논문.

신창호(2001). 「中庸 敎育思想의 現代的 照明」. 고려대 박사논문.

______(2004a). 「추사 김정희의 공부론」. 『동양고전연구』 제21집. 서울: 동양고전학회.

______(2004b). 「추사 김정희의 공부론-"人才說"과 "實事求是說"을 중심으로」. 동양고전학회 학술대회 자료집 『추사 김정희의 종합적 연구』.

______(2004c). 『공부, 그 삶의 여정』. 고양: 서현사.

______(2005a). 「추사 김정희의 실사구시(實事求是) 교육관」. 『한국교육사학』 제27권 제1호. 서울: 한국교육사학회.

______(2005b). 「추사 김정희의 인간관과 교육과정론」. 『교육문제연구』 제23집. 고대교육문제연구소.

______(2005c). 「추사의 인간성 이해와 자질함양론」. 『추사연구』 제2호. 추사연구회.

______(2005d). 『수기, 유가 교육철학의 핵심』. 서울: 원미사.

______(2005e). 『교육학개설』. 고양: 서현사.

안외순(2004). 「추사 김정희와 실학사상의 관계를 재고하는 하나의 斷想」. 동양고전학회 학술대회 자료집 『추사 김정희의 종합적 연구』.

양진건(1992). 「추사 김정희의 제주 유배 교학사상 연구」. 『제주도연구』 제9집.

유명종(2000). 『漢唐哲學史』. 서울: 경인문화사.

유홍준(2002). 『완당평전』 1, 2, 3. 서울: 학고재.

윤사순(1987). 『한국의 성리학과 실학』. 서울: 열음사.

윤사순·고익진 편(1984). 『한국의 사상』. 서울: 열음사.

이명기(1987). 『仁의 硏究 — 敎育學的 接近』. 서울: 양서원.

이문원(2002). 「김정희」. 『한국의 교육사상가』. 서울: 문음사.

이선경(1991). 「阮堂 金正喜의 實事求是 硏究」. 한국학대학원 석사논문.

이우성(1963). 「18세기 서울의 도시적 양상」. 『鄕土서울』 17호.

이원재(2001). 『과거공부를 알아야 우리교육이 보인다』. 서울: 문음사.

이을호(1974). 「茶山 實學의 洙泗學的 構造」. 아세아문제연구소 편. 『實學思想의 探究』. 서울: 현암사.

장우석(1989). 「楚亭 朴齊家의 敎育思想」. 동국대학교 교육대학원 석사논문.

전윤준(1997). 「朴齊家의 實學思想에 나타난 敎育觀 硏究」. 계명대학교 교육대학원 석사논문.

전해종(1963). 「청대학술과 완당」. 『대동문화연구』 제1집. 서울: 성균관대.

정 종(1980). 『孔子의 敎育思想』. 서울: 집문당.

정범모(1994). 『교육과 교육학』. 서울: 배영사.

정일남(2004). 『초정 박제가 문학 연구』. 서울: 지식산업사.

정재훈(2002). 「청조 학술과 조선성리학」. 정병삼 외. 『추사와 그의 시대』. 서울: 돌베개.

지두환(2002). 「추사 김정희의 역학사상」. 정병삼 외. 『추사와 그의 시대』. 서울: 돌베개.

천웨이핑(2002). 『공자평전』. 신창호 옮김. 서울: 미다스북스.

최진덕(1997). 「日常的 世界과 人倫的 秩序-日常性의 儒學的 意味」. 『정신문화연구』 제20권 제2호. 성남: 한국정신문화연구원.

하대식(2002). 「秋史 金正喜의 實學思想에 나타난 教育哲學的 特性」. 경성대 교육대학원 석사논문.

한국해운물류학회(2004). 『초정 박제가의 실학사상과 해운통상론』. 서울: 서신원.

黃明喜・于述胜(1999). 『中國教育哲學史』 第2卷. 濟南: 山東教育出版社.

A. N. Whitehead(1929). *The Aims of Education.* New York: Macmillan Company.

J. Maritian(1943). *Education at the Crossroads.* New Haven: Yale Univ. Press.

P. F. Drucker(2001). *The Essential Drucker on Individuals; to perform, to contribute and to achieve*(프로페셔널의 조건-어떻게 자기실현을 할 것인가). 이재규 옮김. 서울: 청림출판.

N. Noddings(1995). “Care and Moral Education,” Ed. Wendy Kohli, *Critical Conversations in Philosophy of Education.* N.Y: Routledge.

찾아보기

인명

용어

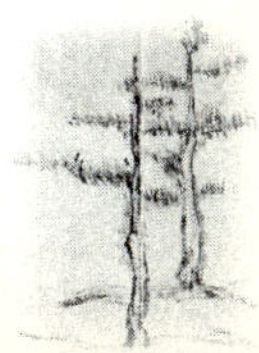

ㅌ

ㅍ

ㅎ

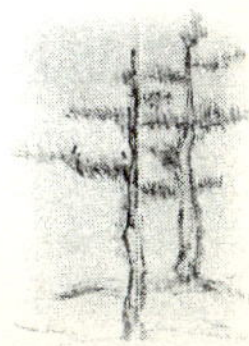

저자 **신창호**

고려대학교 문학사(교육학・철학)
한국학중앙연구원 문학석사(철학)
고려대학교 교육학박사(교육철학 및 교육사학)
儒道會 漢文練修院 3년 수료
現) 경희대 교수

[주요저서]
진시황 평전(공역) (미다스북스, 2001)
동양사상의 이해(공저) (경인문화사, 2002)
한국사상과 교육윤리(공저) (서현사, 2002)
공부, 그 삶의 여정(서현사, 2004)
수기, 유학교육철학의 핵심(원미사, 2004)
교육학개설(서현사, 2005)
존재와 가치에 관한 사색(경희대출판국, 2005) 외 다수

유학자 추사, 실학實學 교육을 탐구하다
- 조선 후기 유학 교육론의 한 양상 -

2006년 12월 15일 1판 1쇄 인쇄
2006년 12월 20일 1판 1쇄 발행

저 자 신창호
발행인 조재성
발행처 **서현사**
410-828 경기도 고양시 일산동구 정발산동 1238-9 103호
전화 031-919-6643 팩스 031-912-6643
ISBN 89-90357-66-7 93370
등 록 2002년 8월 14일 제 03-01392호
정 가 10000원
저자와 협의 하에 인지는 생략합니다.
잘못된 책은 바꾸어 드립니다.